伊賀野カバ丸

—外伝—

1

亜月 裕

集英社文庫

伊賀野カバ丸 外伝 1

CONTENTS

『カバ丸外伝　出逢い』別冊マーガレット１９８２年６月号
『カバ丸外伝　じゃぱにーず♥ひーろー』別冊マーガレット１９８３年１月号
『伊賀野カバ丸　金玉学院王子様騒動編』週刊マーガレット１９８３年44号から１９８４年４・５合併号
に掲載。

『カバ丸外伝　出逢い』は１９８３年１月、
『カバ丸外伝　じゃぱにーず♥ひーろー』は１９８３年10月、
『伊賀野カバ丸　金玉学院王子様騒動編』は１９８４年３月、
それぞれ集英社より刊行されました。

〈カバ丸外伝〉出逢い

おっ♥
おっ♥

カバ丸外伝 出《で》逢《あ》い

亜月裕

ハアフー
ハアフー
ぴちゃ
ぺちょ
ぴちょ
ドサ
ぱおり
ぽおり
ちっ
まいったな
よけいぬれちまいやがった
びっしょしょっ
たあーっっ

ハーァ
ギュッ
ギクッ
ストッ
フー
へへ
どんなもんでいかあちゃん

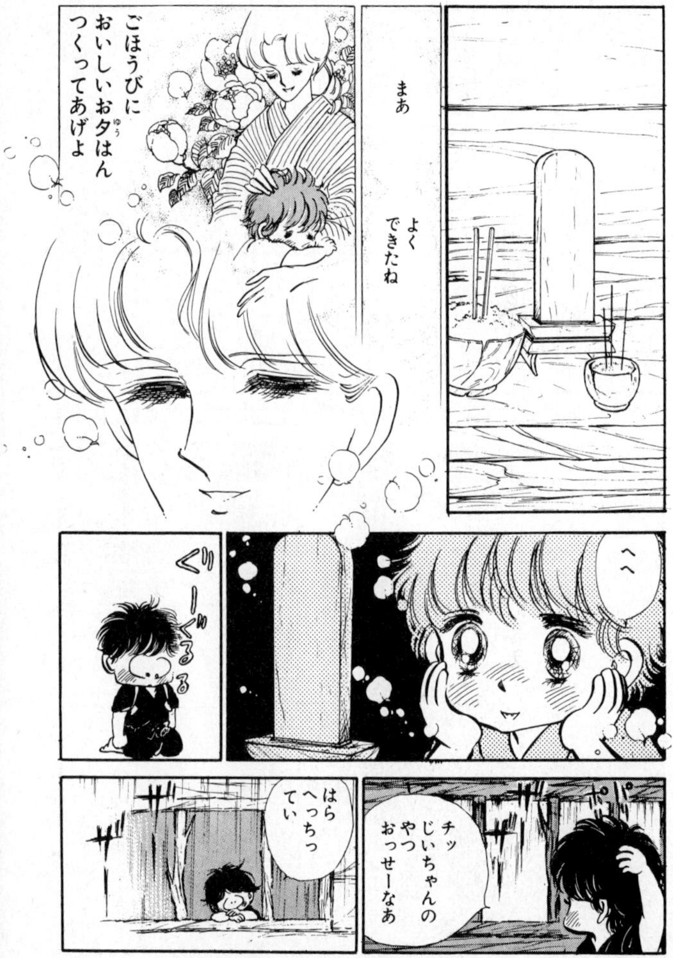
まあ
よく
できたね
ごほうびに
おいしいお夕《ゆう》はん
つくってあげよ
へへ
ぐりーぐるる
ザ
チッ
じいちゃんの
やつ
おっせーなあ
ザ
ザ
はら
へっちっ
てい

入学したころから
ずっとあこがれて
いました
あなたは
受験校《じゅけんこう》での
灰色《はいいろ》の生活を
ほんのりあかるく
してくださった
たったひとつの
灯《あかり》でした
ありがとう
さようなら
いい旅しよう
国鉄
農協
若林星子《わかばやしほしこ》
郵便
POST
そうか
だめじゃった
か……
滝《たき》つぼで
見つけた時は
わずかに息《いき》が
あったんじゃが……
まだ
25~6
だって？

↑㊟ イスの上に正座してる

若い女のみそらでねー
自殺《じさつ》だったんじゃないかい?
ギヌロ
ビクッ
あっはいはいなんでしょうか
こ…この絵はがきを速達《そくたつ》で…
ピッ
ご旅行《りょこう》の方?
はい
山のぼりするみたいだけどおたくも気をつけてね
山の中腹《ちゅうふく》に滝《たき》があってね
昼すぎ若い女の人が落ちて亡《な》くなったんですよ
滝《たき》に……
そいじゃわしはこれで
やれすっかりおそくなってしまったわい
あっお気をつけておじいさん

ヒック
ヘック
ぐすん
へっく
へっく
ガサッ

シュッ
ギャワワン
(どーしたんだ)
ギャ…
ギャワワン
(目…
目つぶしだ)

シュ
シュ
シュ
ボワ
キャン
(うえー)
キャン
ギャー
ギャワン
(やめてー)
ギャワー
(ひぇー)
キャーン
キャン
キャーン
なにをしておるのじゃボーズこんなところで
ビクン
おじいちゃんがたすけてくれたの？
わあ
山いぬさーん

おかあさんのこと ずっとまってたん だけど なかなか 帰ってこないんだ
へっく へっく
こんな ところ でか
ちがうよ あっちの てーりゅーじょでだよ
そこのおみせの おばちゃんたちが へんなこと いうから
もう 1時間も あーやって るよ あの子
すてられ たんじゃ ないかい
まあ すて子《ご》
!?
だから おかーさん さがしに きたんだ
おまえの 名まえは
きりの はやて
はなもり よーちえん ももぐみ
まん 5さい
へっく
しっかり するのじゃ
…て
は… やて…

はやて
そうか あれは ボーズの 名じゃったか
はやてよ
これで 涙《なみだ》を ふけい
うつ きたね
ハンカチ ぐらい もってるよ
なんだ これ
どれ 見せて みろ
名まえは霧野《きりの》疾風《はやて》 誰《だれ》ひとり身よりの ない子ですが やはりこの子を 道づれにする ことはできません どなたかこの子の ことをよろしく お願《ねが》いいたします
あわれな 母親《ははおや》より
ねそれ おかあさんの てがみじゃ ない? なんてかいて あんの ねー?
おまえの 母親《ははおや》は用が できて遠い所へ いったようじゃ

ぼ
ぼくが
いるのに？
疾風《はやて》わしといっしょにくるか
……
ぼく…すてられちゃった…の？
たわけ子どもをすてる母親《ははおや》などはおらんわ
ボロ
ボロロ
くるのかこんのか
ぐずぐずしておったらまた山犬《やまいぬ》どもがきてくわれてしまうぞ

ぴちゃぴちゃ
タッタッタッタッタッ
キュ
スタ

カッ
ガラ
よし
ホッ
まんまがくえる
おかいりー じいちゃんっっ
へっく
へっく
へっく
へっく

じいちゃん
このこせがれ
だれでい
これから
おまえといっしょに
修行《しゅぎょう》する
霧野《きりの》疾風《はやて》じゃ
へっく
へっく
ふーん
なんでおまい
ないてんだ
はらが
いたいのか？
……
ちがう
ズル
ふん
ぐい
かあちゃんが
いないのか？
どっ
ちっ
ちっ
ちがわぁあい
わーん
わーん
ワーッ

へっく
へっく
へっく
カバ丸《まる》 これを もってってやれ
うん
じいちゃん おれも あっちで くっていい？
たったたっ
くえよっっ
いいよ これ
え
へっく

カシカシ
ハフハフ
ハフハフ
ハフハ
ねえ なまえ なんて いうの?
かばまる
カバー?
ちげー かばまる でいっつ
パリ
ポリ
ゲー
へーんな なまえ
アハハハ
カバの子 みたいだ
へへ
ふふ

ぼくの
名まえは
は・や・て
へんな
なまいーっっ
ゲー
はげのこみてー
ゲラ
ゲラ
ゲラ
ゲラ
ゲラ
ゲラ
ホ……
子どもは
たちなおりが
はやいわ
ズズー
いずれは時が
解決《かいけつ》
しよう

よいかわしは用事で里にいってくる カバ丸《まる》いつものいいつけを忘れるでないぞ
うん
おじいちゃん
ぼくがここにいることおかあさん知ってるのかな
ああそれも伝えておいてやろう 心配するでないわ
ホッ
きっとだよ いってらっしゃーい
ぴょんっ
おっ やるな
はやて そーじしようぜっっ
うん
ハッ
スタ
びく
?

ゲコ
なんだ ケールか
じいちゃんかと思ったぜ
ねーー
なんでこーやんの
きのーもやったよね
じいちゃんがげんかんで石なげたのをこいつでかわすんでい
つよいにんじゃなるよーに
しっぱいすっとよるまんまくわしてもらいねーんだ
えい
えい
そーじしよーぜぇぇ
たのむからよぉ

はやて
きょうから
おまい
うちのこに
なんだろ?
だったら
おれの
にいちゃん
だな
ちがうね
かばまるんちの
子になんか
なんないよーだ
用がおわって
おかあさんが
むかえにきたら
アパートに帰るん
だから
ふふん
かばまるの
おかーさん
は?
どこいったの
かあちゃんの
ことか?
あすこ
でいっっ

ゆけーふめーになってしんじゃったんだって
㊟行方不明《ゆくえふめい》
ふーん
じわ…
ああ~~~
かあちゃんにあいてーなー
……
はやてじいちゃんいねーあいだにきいちごくいにいこーぜ
いかない
おかーさん帰ってきてぼくいなかったらこまるから
んじゃとってきてやんぜっっ
ちょいとまってろよっ

ふー
すこし休もう
ふふ
やーね 休もうだなんて
これから永遠《えいえん》に休もうって人間が……
ガサッ
お？
パタ パタ

だから
こんな花見たって
ちっともきれいだとも思わないし
空を見たって
感動《かんどう》なんかしないわ
きみは受験生《じゅけんせい》だという自覚《じかく》があるのかね

学校と いうところを なんだと思って いるんだね
冷たい背中《せなか》
……
あんな りっぱな ご両親《りょうしん》が いらして
3-2
きみの お兄さん お姉さん方も この学校の 模範生《もはんせい》 だったのに…
まったく なさけないわ はずかしいわ
若林家《わかばやしけ》の 娘《むすめ》という自覚《じかく》を もちなさい
まったく なさけない はずかしい
まったく まったく まったく
ガラ
カリ カリ カリ

冷たい背中《せなか》
でも
その中で
あの人
だけは
ちがっていた
あの
絵はがきは
たぶん今日には
つくわね
読むと
したら
夕方《ゆうがた》かしら
それとも
夜……
どんな顔して
読むかしら
どんな顔だろうと
その時だけは
わたしのことを
考えてくれるわ
だからわたしは
安心して
眠ることが
できるの

ガサ
おわっと
びくっ
き……
カァ
ザザーッ
ハッ
そうよ もうなにも こわがるもの なんてない はずよ
それが 野生《やせい》の サルだって
キッ
ゆら ゆら
あら いない ……

はやて
はやて
かあちゃんみたいなんだっっ
そっくしなんだっっ
タッタッタッ
はいく
はいく
道をまちがえたのかしら
滝《たき》の音すら聞こえないわ
やっぱりこれでいっきに
ジュースも最後の一缶《ひとかん》
プッ
PLUM

はいく！こっちでい
あいつ動物園《どうぶつえん》のおサルみたいだ
ほら
ちがうよお母さんじゃないよ

おわ
ぷ〜ん
最後の一缶《ひとかん》
ひくひく
コク
コク
コク
さっきの野《の》ザル
キャー
ない——
ぴちょ

うめーーー
なんだこりゃ
ハッ
だめよこれはたべられないんだから
なんでいそりゃ
かぜぐすり？
そっ たいせつなもの！
ふーん…
あんたたちこのへんの子？
そっ おれかばまる
プッ
クスクス
ササ

よお
♡チャー
おれの名ははやて
お♡
すげーかっくいいーっっ
……
さっ名まえわかったからむこうにいきなさい
かあちゃんのなまいは？
わたしはいそがしいんだから
かあ…
ちょっとあたしはまだ17歳《さい》よ
……
こんな子どもにしてみりゃ17も27もおんなじね
それにしても右のガキのかっこーありゃなんだ
ワクワク
おねーちゃんの名まえを聞いたら帰んなさいよ

おねーちゃんの 名まえはね 星子《ほしこ》
ゲ〜ーんな なまいーっっ
おしっこ だってーっっ
ゲッゲラ ゲラゲラ ゲゲラゲラ ゲラ
きったねー
ちっ ちがうわよ お星《ほし》さまの子！ お星《ほし》さま
ハッ
それどころじゃ ないわ
わたし ちいさいころから お水がないと こーいうの のめないのよね
ぷっ ぷっ
ぷっ ぷっ
どこかに お水 わいてない かしら
みずなら うちに あんぜっっ
……ほんと？
すげエー いっーぱあい
ずえんぶのん だらしんじ まうぐれェ あらい……
じゃ この缶《かん》に 一《いっ》ぱい……
ブ
ガク
かあちゃん こっちでい

ギューー
なりゆきをみてみるか
へー
ふ〜ん
こーいう家ってあるのね〜〜〜
親はどこいったのかしら
ギャーコーコ
ぼくがやる
やでいおりがくんでやるんでい
くすん
なんじゃこりゃ
へたっぴっ
ジャージャー

それ
カバまるの
おかあさん
だよ
そう
ぼくの
おかあさんは
ご用で
おでかけ
できたっっ
たっぷり
ぎゅっー
もう
かえっちゃうのか
わたし
には
関係《かんけい》
ないわ
…
関係《かんけい》
ない
けど
…
おねー
ちゃんと
遊びたい
？
あっそび
たいやいっっ
ぴょんっ

はやてくんは?
ん? いいよべつに遊んでも
あそ
げんこっつ
いやんまのお
たっぬきっ
さんー
おっぱいっ
のんでえ
ねーんねっ
してえー
かなりのってんな
注 まねっこしてるカバまる
おんぶしてっ
だっこしてっ
まあった
あっしたあー
たーっっ
ワーすごい
パチパチパチ
ぱっ
くるっ
ゴロゴロゴロ
おっいかづちでい
ちがうよカミナリだよ
さあもういかなくっちゃ
かあちゃんハラへっちってい
まんまつくってくりよっっ
まんまー
ぼくもおなかすいたー
つくれよー
ちょっちょっと
はなしなさい おねーちゃんはいそがしいのーちょっとー

…
お米どこにあるの
うそ
ケホッ
ケホッ
ワクワク
ぼくエビフライー
おりもへびーらいー
なもんこの家でできっか
かあちゃんのぶんは?
かあちゃん……じゃなかった おねーちゃんのはいいの
おなかすいてないの
ぐ〜
あ〜
なったなった
ちょっ ちょっとー おねーちゃんはいそがしいのー
いっしょにくおーぜ
たべよー たべよー
カラッ

そーして
おじーさんと
おばーさんは
ワクワク
ナナハンに
またがり
夜の新宿を
ポリパリ
ゲープ
さあ
いそがな
くっちゃ
だいたいね
わたしは
子どもなんて
きらいなのよ
うるさくって
ラム
まとわり
ついてきて
ったく
限度《げんど》という
ものを知ら
ないんだから
ゴロゴロゴロ

おかあさーん
ぼく おいてか ないでー
ガバ
あっ おねーちゃんが いない！
パチ・
ピカッ
ゴロゴロゴロ
ギャーッ
ドキン
ドキン
さっきまでは なにがあっても あんなに 平気《へいき》だったのに…

かあちゃん
ガラ
ガラ
カラ
カラ
かあちゃん

カバ丸《まる》くん
たち
かあちゃんの
だいじな
しろもん
あっ
あぶない
カバ丸《まる》くん

カバ丸《まる》くん
カバ丸《まる》くん

あっ
おねーちゃん
ほら
むく
カバ丸《まる》くん
だいじょうぶ
どこも
けがはない
パッ
へいきでいっっ
おりゃあ
にんじゃの
こでいっっ
はい
かあちゃんの
だいじな
しろもん
バカー
びく
こんな
こんな
もんの
ために

死んじゃったら
どーすんのよ
バカ
バーカ

その花を見てまだ美しいとは感じないかの
そうですかあなたがカバ丸《まる》くんのおじいさん
ほんとは…
わたし…絵かきになりたいんです
わたし家に帰ります

そして
もう1度
両親《りょうしん》と話し
あってみます
さよなら
カバ丸《まる》くん
はやてくん
もう逃げたり
しないで
ぶつかってみます
カバ丸《まる》くんたちが
そーして
くれたように
よいな
ねえさんには
ねえさんの
家がある
のじゃ
バイバイ
ん…
おーい
ハーフー
ハーフ
あっ
二階堂《にかいどう》くん
おかあさま
二階堂《にかいどう》さんが
ハガキのようすが
おかしいって
知らせて
くださったのよ
まるで永遠《えいえん》の
わかれのような
文面《ぶんめん》だったんで
しんぱいしたのよ
うっうっ
うっ

でも
よかったよ
ぶじで
さよなら――!
…ちゃん
かあちゃん
かあちゃーん
かあちゃーん
かあちゃーん
かあちゃーん
かあちゃーん
うっ
カバ丸《まる》

うへっく
へっく
ぼく
カバ丸《まる》の
おにいちゃんに
なってやっても
いいよ
そのかし
おかあさんが
帰ってくる
までだよ
うん
へへ
ぱぁり
ぽおり

カバ丸外伝 出逢い 完

カバ丸外伝じゃぱにーずひーろー♥
未緒《みお》
未緒《みお》
あててみろよ
手の中どんぐりいーくーつっっ

外《がい》伝《でん》

カバ丸《まる》
じゃぱにーず♥ひーろー

くるっ
せーきちゃん1コ
カバ丸《まる》こっちの手に5コそっちの手に6コ
はやてちゃんはもってなーいっっ
びくんっっ
お
またあたたー
すっごいなー未緒《みお》ちゃんってばっっ
くそったりめなんでわかんだあ
カバタリおまいのはだれだってわかんだよ手からはみだしてやがって
もちきんねーほどもつんじゃねー——

チッ まいったな
ゲラゲラ
ガサ
おっとー

森中分校
校長《こうちょう》先生ごぶさたしてます
誠樹《せいき》です
昔ここでお世話《せわ》になった織田《おだ》誠樹《せいき》です
ズル
せーき
ダダ…
パリポリパリ
まあえらく背《せ》がのびてまあハムサンドになっちゃってまあ
イモ天《てん》おあがんなさいよ
これがカバ丸《まる》の家までの地図《ちず》だよ
難所《なんしょ》があるから気をつけての
アヒアヒアヒ
コッコッコッコッ

のろしを上げりゃやってくるからまってたらいいのに
だいじょうぶです仕事がら体はきたえてありますから
エッホ エッホ
日ごろの訓練《くんれん》がものいうな——
カサ
え…と
おいらのうちは山の上でい
近道《ちかみち》すっとてーんではいくこれんでいっっ
よし この近道《ちかみち》をいこう

あいつら
人間《にんげん》じゃ
ない…
ハー
フー
けど……
なにが
なんでも
彼に会いに
いかなけりゃ
彼ならきっと
力になってくれる

未緒《みお》……
くらくなってきたな
道に迷《まよ》ったかな
チョコもっともってくりゃよかった
クスン
CHOCOLATE BALL
おっはやいなカバ丸《まる》
ふふ
きょうはより道くわねかったからはいくついたんでい
いっつも朝タヌ公《こう》と遊んじまうんでい
そーいえばあのころ山の奥にはいろいろな野生動物《やせいどうぶつ》がいるとかいってたな

イタ公《こう》に ケツネ やろーに
くす
コン
おりへビ
カア
くえんきぃ?
くす
ヘビなんてよ こーんな ふとくってよ 知らねー間に まきついて きやがってよ
おりってば 毒《どく》ヘビ うっかり ふんづけ ちまってい そこいら ウロウロ してっから
ゲラゲラ
ドキン
ゆんべ 道に迷《まよ》った おとなが 山イヌに くわれたの 知ってっか
ドキン
冬眠前《とうみんまえ》の クマってよー おっかねー ぜーー
ドキン
ドキン
ドキン…
バサ
バサ
ギャー

鳥か
うわ
人のえものに手をだすんじゃね——

きっ
きみ
なにしや
がんで——っっ
このぬすっとやろ——
このぬすっとやろ——
このぬすっとやろ——
まっ
まってくれ
き…きみ
カバ丸《まる》だろ
ハァゼーハァ
それが
どーし
たい
ぬすっと
やろ——
おれだよ
昔
分校《ぶんこう》で
いっしょに
遊んでた
!
つつー
カバ丸《まる》
じ〜ん

カバ丸《まる》ーー
スカ
お……おまえとこんなところでめぐり会えるとはよ…
その時カバ丸《まる》の脳裏《のうり》をチョコボールとの楽しい思い出が走馬燈《そうまとう》のようにかけめぐった
LATE
KIOKUSU
出逢い
別れ
キャン
SOS
めぐり逢い

そのチョコボールがどーかしたのか
フッ おれの大好物《だいこうぶつ》のひとつでい
ぐい
じゃ それ よかったら食べてくれよ
びくん
食いかけでほかになにももってないし
ほんとかー
全部食っていいのか
ガラガラガラ
胸《むね》にしみわたるこの音……
この音からするとゆうに11コは入ってるぞ
ああいいよ

ね ところで おれのこと 思いだして くれた?
え? ああ 思いだした とも
ほんとか じゃ あらためて なつかしいなあ カバ丸《まる》
おお なつかしい とも
じゃ今晩《こんばん》 とめてくれよ きみに 相談《そうだん》にのって もらいたい ことがあるんだ
いいとも

分校《ぶんこう》で地図《ちず》書いてもらったんだ今どこいらへん？
ここいらだな
ゲーッ
まだここ!?
なーにほんのひとっ飛びでい
おまいしろーとにしちゃなかなかいい足してんぞ
ハヒ
ハヒ
しっ
おれん家《ち》はあそこでい

ダッ
つっ ついた——
あっ まちやがれ おい
わ——
チッ
やれやれ だから いったのによ
おろして くれ——

なんだ そいつは
知らねー
そっ そんなー さっき なつかしいって いったじゃ ないか
ペチ ペチ
もう 食っちまったーい
得体《えたい》の 知れねーもん もちこむんじゃ ねーって じいさんに いわれてんだろ
きみ もしかして 疾風《はやて》?

おれだよ 小学校ん時 分校《ぶんこう》にいた 誠樹《せいき》だよ
ほら きみの横に すわってた
………
おろして やんな カバ
おまいも 知ってっだろ 小学校ん時の せーきだよ
知らねーー んなやつ
ぶんぶん
ほれ弁当《べんとう》に 五目《ごもく》メシとか いうやつを もってきた せーきだよ おまいよく かっぱらって 食ってたじゃないか
ごも……
ああ
あの せーき かあ
ああ あの ケールに ションベンたれて 熱だした…
なんではやくに そいつをいってくん なかったんだよ チョコボールを見た時から どっかふつうの人間《にんげん》とは ちがうって思ってたんだ おりゃあ
そーか 五目《ごもく》の せーき かあ
五目《ごもく》メシ ぐえんき〜っっ
……

ふ—— うめ——
今夜は じいちゃんも いねーし
シャバの タンベが いちばんや
そうだ 疾風《はやて》 きみ 家出しちまったたって 聞いたけど もどってきてたのか
ケホ ケホ
ほら 小五の ころ
そーいや おまいこそ 田吾作《たごさく》と いつも はりあってたな
たごさく?
いつも 弁当《べんとう》に のりたま ぶっかけて きやがった やろ——
あ—— たご作《さく》
なにを はりあうって んでい

未緒《みお》だよ
未緒《みお》!?
どんぐりの未緒《みお》か!?
おまい弁当《べんとう》なしではじめてわかったな
カバ丸《まる》こっちの手に5コそっちの手に6コ
はやてちゃんはもってなーーい
もっともおまいいつも未緒《みお》のあとくっつってたもんな
へへ
不思議《ふしぎ》なガキだったな
おーそれによおりゃあ はじめ子どものくノ一かと思ったぜ

ふたりとも
まちな
さーい
ギョ
まだついて
きやがる
ああ
すばしっこい
ガキだったな
フフ
それによ
……
つる
キャー!
なんだ
それに……
ぬっ
できろ!
スカウト
スカウト
注 この10分後に未緒の父親にことわられる

なんでもね――
それに……
あいつ1歳しかちがわねーのに
かあちゃんみてーだった……
うまいなあ未緒《みお》って
チクチク
いつもうちのおとーさんのやってあげてんもの
みおん家《ち》とーちゃんきゃいねーのか？
そーよおかーさん未緒《みお》が赤ちゃんの時死んじゃったもの
やあいらっしゃいおやつあげよう
ポリポリ
こいつがとーちゃんてしろもんか
じゃおれん家《ち》といっしょでい
でもおりん家《ち》はじいちゃんだからよほんのちょいと家のふんいきがちがうけどよ
たわけ――
またより道しくさってこの未熟者《みじゅくもの》未熟者《みじゅくもの》未熟者《みじゅくもの》
うちもとーちゃんだといかったなっ
フフ
へへ
あしたもどんぐりあてっこしよーなーっっ

あいつ三回めの秋にはどっかいっちまいやがった
注 どんぐり??
今ごろどーしてっかなあ
注 カバ丸
カバ丸《まる》疾風《はやて》
じつは きょうここへきたのは彼女のことでなんだ
未緒《みお》を助けてやってくれ

未緒《みお》に会ったのはことしの春 未緒《みお》がおれの所属《しょぞく》してるクラブに入会《にゅうかい》してきたんだ
パチ
パチ
パチ…
CHAC《チャック》茶畑《ちゃばたけ》アクションクラブって知ってる?
いや
おれはまだ食ったことね——な
アクション俳優《はいゆう》やスタントマンを養成《ようせい》するところだ
カバタリ食いもんじゃねー——
ペシッ
はずかしいやつめ
よー未緒《みお》昔とおんなしだったか?
……
少しイメージがかわってたよ
やつらがかえたんだ

五月CHAC《チャック》が
信州《しんしゅう》で合宿訓練《がっしゅくくんれん》を
おこなった時のことだ
真夜中《まよなか》ねつかれないで
外にでた時……
だれだ
こんな
夜ふけに
未緒《みお》!!
逃げられたか

しかし まさか アクション クラブに いたとはな
「灯台《とうだい》もと暗《くら》し」とは このことだ
まあいい 未緒《みお》の いどころさえ つかめれば こっちのものだ いこうぜ
なんの ことだ
わからない
翌日《よくじつ》 彼女に 聞いてもなにも いってくれない
むしろ さけられてる くらいだ
おれじゃ だめなんだ
だけど……

だけどこの先
未緒《みお》の上に
なにかよくないことが
起こるような
気がして
ならないんだ
おりゃあ
いくぜ
疾風《はやて》
スタッ

カバ丸《まる》
駅前そば
心強いよ きみがきて くれるなんて カバ丸《まる》……
おきゃ―― りいい
こんどは ケツネうどんの 大もりで たのむぜ おっちゃん
でさっ 向こう ついたらさっ
す
う
す…うどん
350.-
350.-
200.-
って なんだ 誠樹《せいき》

きつね
たぬき
すうどん
200.-
え?
ああ
じ〜
ガヅクン
……
なんで——
天《てん》カスとか 油《あぶら》あげとかが なんにも 入ってない ただのうどん だけってことさ
チッ
おっちゃん そんつぎは またさっきの タヌ公《こう》 うどんなっっ
昔よか ひどく なつてる
1番ホーム 上り列車
電車 きちゃう よ—— カバ丸《まる》ー
かんじゃ やーよ お客《きゃく》さん
ごがあ ぎー
(おかわりー)
不安《ふあん》や〜〜〜
おお♡ のあっかしいぜっっ ビルジーン グッス ぐえん き〜〜〜!?
グス

森山組
世界の秘宝展
おっ なんでい こりゃ
いろんな国のお宝《たから》が日本《にっぽん》にくるんだってさ
こりゃ食えたもんじゃねーな
ここだよ
ふーん ここにあの未緒《みお》がいんのか
CHAC
CHA
陰気《いんき》ねー永田《ながた》さん おたかくとまってんのよ
なにさ 入ったばかりでヒロインのスタントがきまったからって
あら
誠樹《せいき》ー どこ雲がくれしてたのお
ゴロゴロ
みんなさがしてたわよお——ん
ちょっとね
永田未緒《ながたみお》くん知らない?

ピクッ
さあ さっきまでは 練習所《れんしゅうじょ》に いたけど
サンキュ いこ カバ丸《まる》
いじわる そーな 女……
キーーッ
なによ どいつもこいつも あんな根暗女《ねくらおんな》の どこがいいのよ
やめてやる やめてやる こんなクラブ やめてやるーっ
といいながら もう10年も いるんだよね このおばはん
未緒《みお》

やあ
……
おはよ
よお♡
カバ丸《まる》だよ
おぼえてる
だろ
バァリリ
ボォリ
カァ
へへ
さあ
知らないわ

まあー 誠樹《せいき》ちゃん どこへ いってたの あーた
こまるのよ 主役《しゅやく》が かってにぬけ だしちゃ
あ 田村《たむら》 監督《かんとく》
♥ ひーろー
とにかく こんどの映画《えいが》 「じゃぱにーず♡ ひーろー」は 社運《しゃうん》をかけてるのよ
パム パム
東映撮影所・J·A·Cのみな様 取材ご協力 ありがとうございました。
Keiko.K Chisato.N Haga-chan Koro-chan KaoruM Ma-chan and Yuo
ケーコ たーコ ふーちゃん とんちゃん おせわになりましたo エロエロと~
ゴーカ キャスト
忍者映画の 常識をうち やぶる スペクタクル 一大巨編!!!

原田俊彦《はらだとしひこ》 清水真彦《しみずまさひこ》 アイドル俳優《はいゆう》を したがえての 今回の異例《いれい》な抜《ばっ》てき CHAC《チャック》の将来《しょうらい》も きみに かかってるんだよ
すみません マネージャー
ああ それよ 原田俊《はらだとし》ちゃんの スタントの 茂平《もへい》ちゃん けがしちゃって
困ったわ 彼の見せ場は ものすごく あるのよ
茂平以外《もへいいがい》で 使えるものは すでにスタントに きまっているし…
安心《あんしん》して ください すばらしい 人材《じんざい》を つれて きました
なんですって
おい カバ丸《まる》
あれ どこいった んだ あいつ
よー まてよ

お──
おまい
ほんとに
未緒《みお》？
ちがうんじゃ
ねーの？
おれを見て
わかんねー
なんて
おりゃ
ひとめで
おまいって
わかったぜ
な──
まだ
思いださ
ね──!?
な──
な──
よ──
ね──
まあ
だ？
あ──っっ
しつこいっっっっ

昔っから なおって ないわね その性格《せいかく》
思いだしたから あっちいってよ
どうして そーふーに いうんだよ
おりゃあ せっかく 会えると 楽しみに してたのによ
あたしは めいわく してるの
はやく 帰ったら
この いじわる 女やろ――っっ

カバ丸《まる》……
べごお
べごお
へごぐ
んがっげっが
(みお みお いくつ はいってっか)
どんぐりを口に入れてる
ブーッ
ゲラゲラゲラ
へごぐ
んがっ
げっがっつ
(いくつ はいってっか？)
未緒《みお》
なにか
悩んでること
あるんじゃ
ないか
未緒《みお》
未緒《みお》じゃ
ないか
そうか……
ならいいんだけど
おれでよかったら
なんでもいって
くれよな
だめなの
だめ……

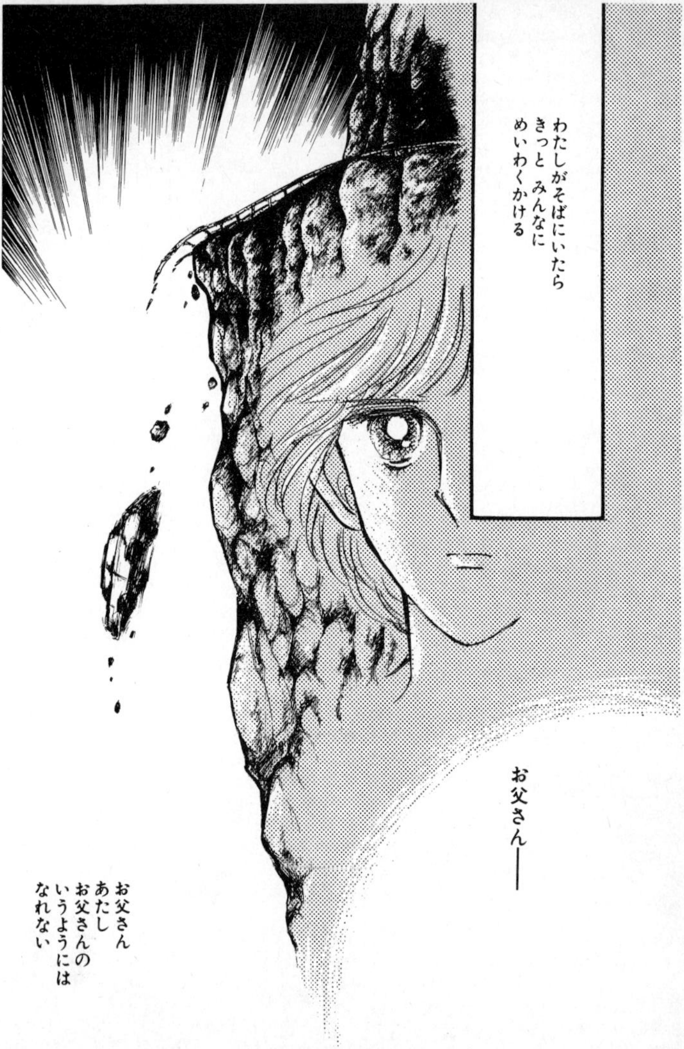
わたしがそばにいたら
きっと　みんなに
めいわくかける
お父さん——
お父さん
あたし
お父さんの
いうようには
なれない

ポン
やあ
上田《うえだ》さん
幸せなんかになれっこない
いいかげんなこと いうなよな 誠《せい》樹《き》
いや そこまで いっしょだったんすよ
おおい 誠《せい》樹《き》
けど ズブの とーしろー じゃねーー

ありゃあ
未緒《みお》じゃねー
おりゃあ
帰《け》えるぜっっ
あっ
あれは
いったい
だれなの!?
CHAC《チャック》の
メンバー!?
いやよ だし
おしみしちゃ
なーに!?
CHAC
CHAC
あ
いえ
ちがいますよ
きっ
きみ!
きみ!
よんだ!?
わーっっ

おれのこと
え!?
おれが!?
ええ
ぜひに!
その身《み》のこなし
原田《はらだ》俊《とし》ちゃんの
スタントマンに
ぴったしくわんくわん
もうあーたしか
いないわ
あーたしか
見えない
アモーレ
アモレミーヨ
ま…
まいったな
よお
ところで
すうどんマンって
なんだ?
例の
すうどんの
いっしゅか?
……
ワクワク
やったー♡
どうして
上田《うえだ》さんが
ここに?

ハハ…… それが 田村監督《たむらかんとく》の おともでね
じつは奇遇《きぐう》にも 「じゃぱにーず♡ ひーろー」に でてくる仏像《ぶつぞう》の セットをたのまれ たんだよ
えぇー それじゃあ
ああ ぼくも ヒロインの スタントが 未緒《みお》ちゃんって 聞いておどろいたよ
いつ はいったの ここに
おどろいた なあ きみにそんな 特技《とくぎ》が あったなんて
父が亡《な》くなって すぐに…… あたしに できるのは このくらいのことしか ないので……
あのせつは どうも ありがとう ございました
とんでも ない
あの時 大破《たいは》していたのは お父さんではなく ぼくの車だったかも しれないんだからね
とても 人ごとには 考えられんよ

あら── 上田《うえだ》ちゃーん そこにいたの──
未緒《みお》…… 笑ってる……
へ── めずらしいな 永田《ながた》くんが 人と親《した》しげに 話をしてる なんて
あ…… 父が亡《な》くなった時 上田《うえだ》さんに とてもお世話《せわ》に なったんです
ああ あの 上田《うえだ》ちゃんが 事故《じこ》現場《げんば》に いあわせたと いう……
未緒《みお》のとーちゃん 死んじまったのか……

いらっしゃい おやつ あげようね
ほう3人とも 幼なじみ…
それより 上田《うえだ》ちゃん 心配してた スタントマンが 見つかったわ
カバ丸《まる》くん こちらは 彫刻家《ちょうこくか》の 上田《うえだ》ちゃんよ 京都在住《きょうとざいじゅう》でね
これで あしたから 京都《きょうと》の 撮影所《さつえいじょ》へ くりだせるわ
ぬなっっ
あしたっから 京都《きょうと》――!?
永田未緒《ながたみお》さん お電話 ですよ

また名まえいわないのよ
もしもし
返事を聞かせてもらおーか
おことわりします
そうかい　また　あんたの　まわりの　人間《にんげん》が
不幸《ふこう》に　なっても　かまわない　んだな
お父さんが　いない今　あたしには　関係《かんけい》ないわ
ガチャン

京都《きょうと》か……
まいったな
チッ 東京《とうきょう》だったら 偶然《ぐうぜん》にも バッタシ 大久保《おおくぼ》麻衣《まい》に 会えるかも しんねーのによ
あ♡
バッタシ
よー♡ 麻衣《まい》じゃ ねーか 偶然《ぐうぜん》 だなあ
よし そのへん 走ってみっか
ふふ

ビクッ
どこにいく気だ
大久保《おおくぼ》麻衣《まい》に会うのはご法度《はっと》だぜ
疾風《はやて》
掟《おきて》その一
大久保《おおくぼ》麻衣《まい》に会うべからず
チッ じいちゃんにいわれてきやがったな
半分《はんぶん》おれの意志《いし》
おまえってばわりと世間《せけん》知らずだからな
そのへん走れば麻衣《まい》にバッタシ会うなんて考えてんじゃねーか?
アん

それより永田《ながた》未緒《みお》美人になったじゃないか誠樹《せいき》がほれなおすのも無理《むり》ねーな
いじわる女
昔の未緒《みお》とはちがってたい
……
あいつのとーちゃん死んじゃったんだってよ
聞いた
だからかなああんなくれー顔になっちまったの
おもしれーとーちゃんだったかんな
どーもそれだけじゃなさそーだな
まっ京都《きょうと》でいっしょにがんばんな
チッくそったりおめーはいっつも立ちまわりがうめーんだかんな

よくいうぜ スタントやる かわりに やきそば 食い放題《ほうだい》って 条件《じょうけん》だしゃーがったくせに
うっ
掟《おきて》その二
むやみに 食いものを 条件《じょうけん》に するべからず とくに やきそば
よ―― てめ―― じいちゃんに いうなよ
つん
つんつくつ――ん
な――
いじめっこ

これが上田氏《うえだし》会心《かいしん》の作の仏像《ぶつぞう》ちゃまよ
ここが山奥にある伊賀忍者《いがにんじゃ》たちのアジトになるわけ
ぬなっ!? アジの煮《に》つけ!?
ワハハ…ゲラゲラ
そうかい また あんたの まわりの 人間《にんげん》が
不幸《ふこう》に なっても かまわないんだな
おかしいな

上《うえ》田《だ》さん
やあ
それがコンタクト落としちゃってね
ここでですか?
ああ さっきからずっとさがしてはいるんだけど
あった

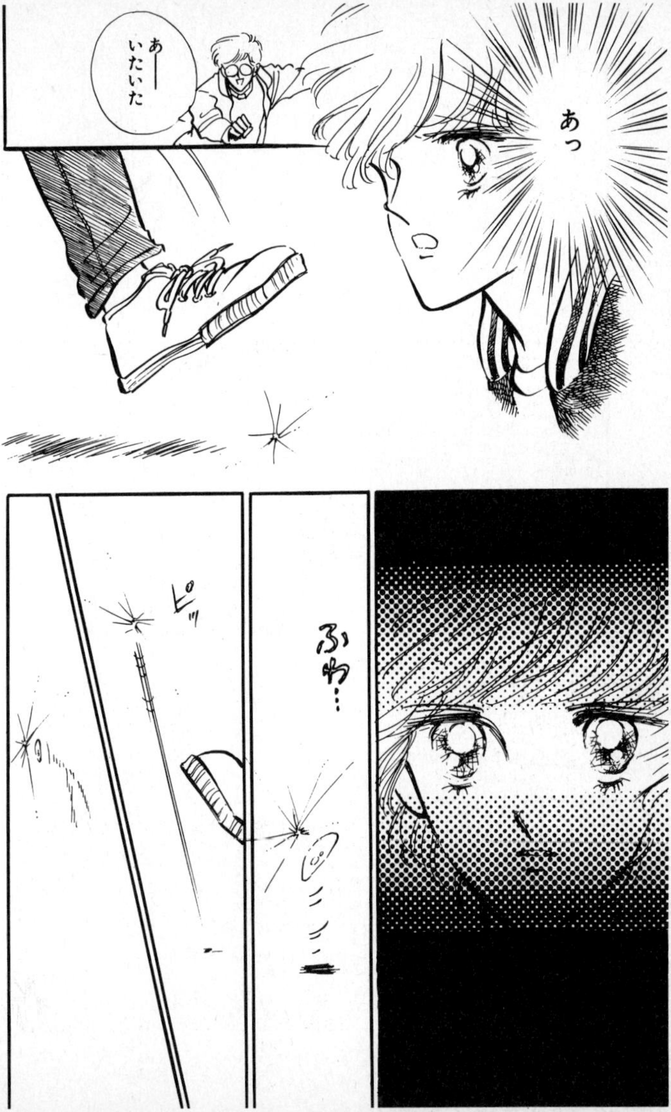
あっ
あー
いたいた
ふわ…
ピッ

上田《うえだ》さーん
上田《うえだ》さんありましたよ
大崎駅
ここが未緒《みお》のアパートか
森さん どうもありがとう コンタクト ぐえんきぃ!? です。
夜までねてよ

つぎつぎに木から飛びおりる！いいね！まず夜叉丸《やしゃまる》のカバちゃんから
注カバん
あれ？カバ丸《まる》がいないぜ
え？
いくぜーーっっ
ほらほら出番《でばん》だよ
もう34はい目ですよ
コックさん
シュッ
シュッ

カッ
カッ
カッ
カッ
カッ
こえーよっ
こえーよーっっ
投げる
ふりだけ
ふりだけ
よ〜〜っっ
チッ
やっかい
だな
いいかげんに
しなさい
カバ丸《まる》
ボソッ
ピク
だめ
だめ
んもー
だめじゃないのお
いくら かたき役
同士だからって
もっと息
あわしてくれ
なくっちゃー

おれのせいじゃねーーっっ未緒《みお》のやつがのろいんでいっっっ
なにいってんのよあんたが先につっこんできたんでしょ
ちっちげーっっこのいじわる女やろーっっ
ほらほらカバちゃんもう――
とにかくねェ〜この映画《えいが》はあーたたちスタントマンできまるのよ
…と…
近藤国明
原田俊彦
さあ気をとりなおしてカバちゃん未緒《みお》ちゃんはじめから
すれちがいざまに夜叉丸《やしゃまる》さやかの馬に飛びうつる

C-17
N-20
スタート
カチン
チッ めんどっくせーな いくどもいくどもよ
ブツブツ
パカラン
パカラン
カバ丸《まる》 馬の足に 気をつけて
今 未緒《みお》の 声がした!?
あんなに はなれて やがんのに?
馬公《うまこう》の足!?

カバ丸《まる》

だいじょうぶ!? カバちゃん
でーじょーぶ でいっっ
ほり しっかりしな 馬公《うまこう》
いじめっこ
ヒリヒリ
くすん
こいつが どっかから 飛んできて 馬公《うまこう》の足に ささっていやがったんでい
ひでー
それがよ やられる前に 未緒《みお》の声が 馬の足に 気をつけろって 頭の中で ひびきやがったんでい
あんな 遠くに いたのによ

テレパシーだよ
永田

新聞《しんぶん》のきりぬき
親父《おやじ》さんの事故《じこ》記事《きじ》か…
未緒《みお》へ
これを読んでる
おまえは　とうとう
この世でひとりぼっちに
なってしまったね
だが　お父さんは
やがてこういう時が
くるのがわかっていたよ
未緒
おまえを
最後《さいご》まで
まもってやれ
なかったのを
ゆるして
おくれ
今後　おまえの
超能力《ちょうのうりょく》を
求めて
それも執拗《しつよう》に
悪の手を
さしのべて
くるものが
いるだろう
事故死《じこし》
ではなくて
他殺《たさつ》!?

その
てんぷらばしってなんだ?
くす
はし
テレパシー超能力《ちょうのうりょく》だよ
頭の中で思っていることが遠くにいる人につたわっちゃったりすることだよ
ぐえんきぃ?
お
ぐえんきぃ?
すげー術《じゅつ》だ
カチャ
お
カバ丸《まる》……
さっきはもう少しでけがするとこだった

ごめんね カバ丸《まる》
ヘッ おりゃあ あんくれーで おどろくよーな 忍者《にんじゃ》じゃねー
それに なんで 未緒《みお》が あやまるんだよ
おれは…… あのてんぷらばしとかで 「馬の足に気をつけろ」 って未緒《みお》の声が 頭ん中にひびいた時
うれしかったぜ おれはよ
へへ
カバ丸《まる》……

だが くっしては いけない未緒《みお》 悪の手先《てさき》に なってはいけない
未緒《みお》!
おまえ自身《じしん》を うとんじては いけない
おまえは すばらしい 子だよ 未緒《みお》
いってー どーした んだよ
おまえの力を 信じなさい
おまえのその すてきな力は きっとおまえを まもってくれるだろう
おまえをまもって ふたりで いろいろなところを 旅をしつづけた毎日は とても楽しかった

幸せに おなり
父より
まったく 軽率《けいそつ》な まねを したもんだ
カバ丸《まる》という やつは ふつうの人間《にんげん》 じゃないぞ
まあ いい
はじめて 海をわたる エジプトの ユン・ゲル像《ぞう》のために 手段《しゅだん》をえらぶなと いったのは このじぶんだ

知ってのとおり
これには水鳥《みずとり》の羽《はね》がふれても警報《けいほう》が鳴るという盗難《とうなん》防止《ぼうし》装置《そうち》がほどこされている
このバリヤーをとりのぞくことのできるのは未緒《みお》しかいない
彼女の力は実証済《じっしょうず》みだ
いや訓練《くんれん》しだいでもっと偉大《いだい》な力をはっきするだろう
秘宝展《ひほうてん》はあとわずかに1週間をのこすだけ
わたしの気の長いのも限界《げんかい》だ

力づくでも
未緒《みお》に
協力して
もらおう
よお
本番!! 静か
疾風《はやて》
え!?
未緒《みお》の
おとうさんの
手紙!?
写しとって
きた

カチ
そうだったのか……
チッ くそったり 未緒《みお》のやつ ひとこと 相談《そうだん》ぐれーしてくれたっていいのによ
きっとそいつらにおどかされてるんだよ
だれにも相談《そうだん》できないでいるんだ
誠樹《せいき》が信州《しんしゅう》の合宿《がっしゅく》で聞いた「灯台《とうだい》もと暗《くら》し」
ロケ先でおそわれたカバ丸《まる》か……

ふー そろそろ夜明けか
どうするんでい 東京《とうきょう》にもどるのか
ああ
こうなったら以前《いぜん》の未緒《みお》のまわりから調べる必要がありそうだな
ねらってるやつらは こんどの映画《えいが》作りに関係《かんけい》してることはたしかなんだがな
それにしても未緒《みお》の親父《おやじ》さんなぜ やつらの正体《しょうたい》をあかさなかったんだろ
それともほんとうに正体不明《しょうたいふめい》なのか
おっ
なんだ

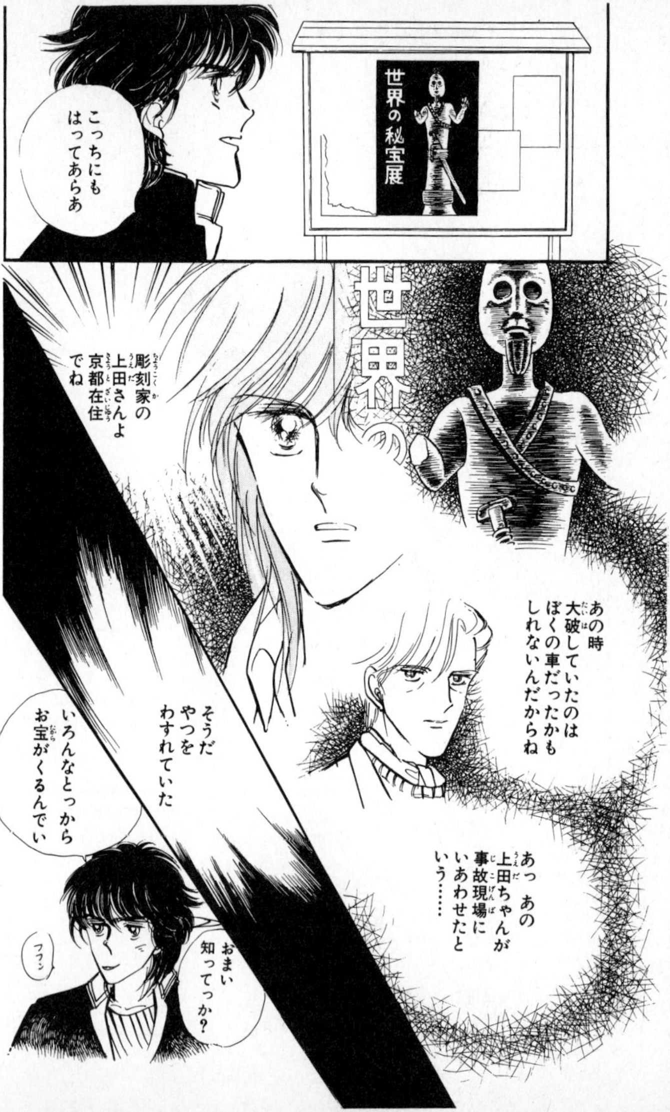
世界の秘宝展
こっちにもはってあらぁ
世界
彫刻家《ちょうこくか》の上田《うえだ》さんよ京都在住《きょうとざいじゅう》でね
あの時大破《たいは》していたのはぼくの車だったかもしれないんだからね
あっ　あの上田《うえだ》ちゃんが事故現場《じこげんば》にいあわせたという……
そうだやつをわすれていた
いろんなとっからお宝《たから》がくるんでい
おまい知ってっか?
フフン

疾風《はやて》!?
東京《とうきょう》ゆきはとりやめだ
え?
未緒《みお》くんが風邪《かぜ》でふせっている?
ええ　やはり気苦労《きぐろう》が絶えないらしくてヒロインのスタントが重荷《おもに》ってこともないんでしょうけど
おやおやそれは

で?きみが未緒《みお》くんの代役《だいやく》に?

ええまああたくしでお役《やく》に立てば

これからの若い人をもりたてるのはあたくしのようなものですし

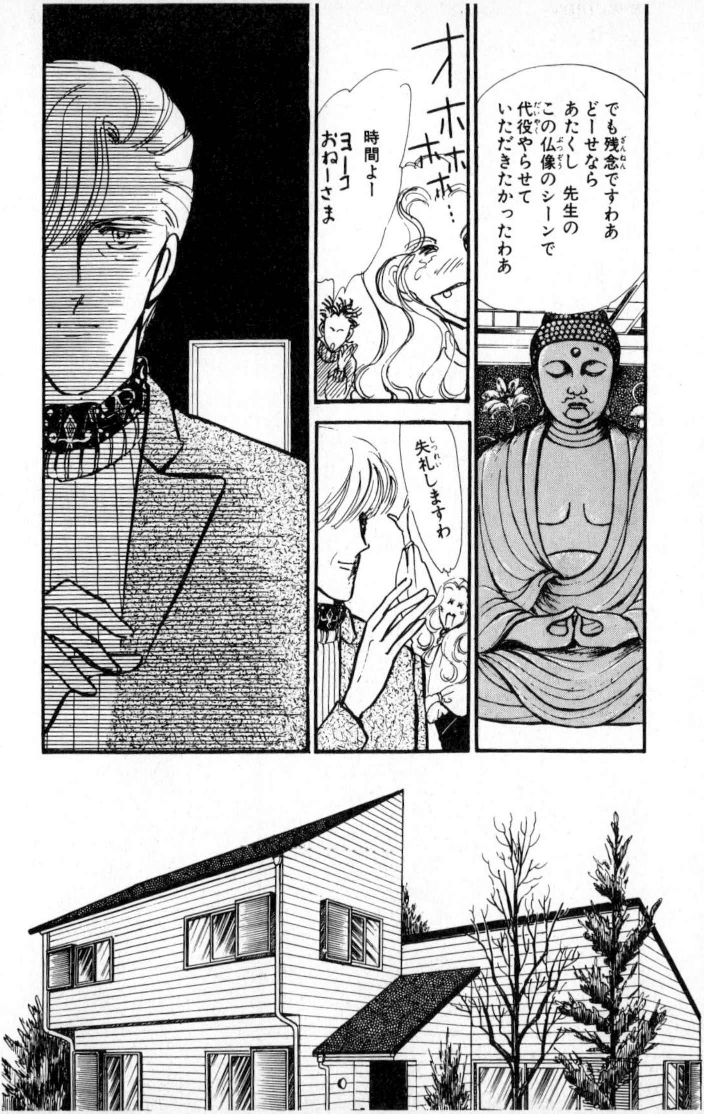
でも残念《ざんねん》ですわぁ どーせなら あたくし 先生の この仏像《ぶつぞう》のシーンで 代役《だいやく》やらせて いただきたかったわぁ
オホホホホ…
時間よー ヨーコおねーさま
失礼《しつれい》しますわ

ここか
だれも いね―― みてーだな
フー あのポスターか

あとは
なんのへんてつも
ない部屋《へや》か
上に
いって
みるか
こんなところに
カバ丸《まる》軍団《ぐんだん》が
いやがる
くす
ペコ
ペコ
ペコ

ギギー
うそっっ
本棚《ほんだな》が動いた
地下室《ちかしつ》か
!
ゲッ すげ――

こっこりゃ 3年前 盗《ぬす》まれた なんとかっていう やつじゃねーか
豪遊《ごうゆう》の とっつあんが なげいていた
わしが とりたかったのに〜〜〜ろっ
じゃ こいつらも
なんのことは ねー やっこさん 盗人芸術家《ぬすっとげいじゅつか》か
…ということは そのために 未緒《みお》の力を 利用して…
あった

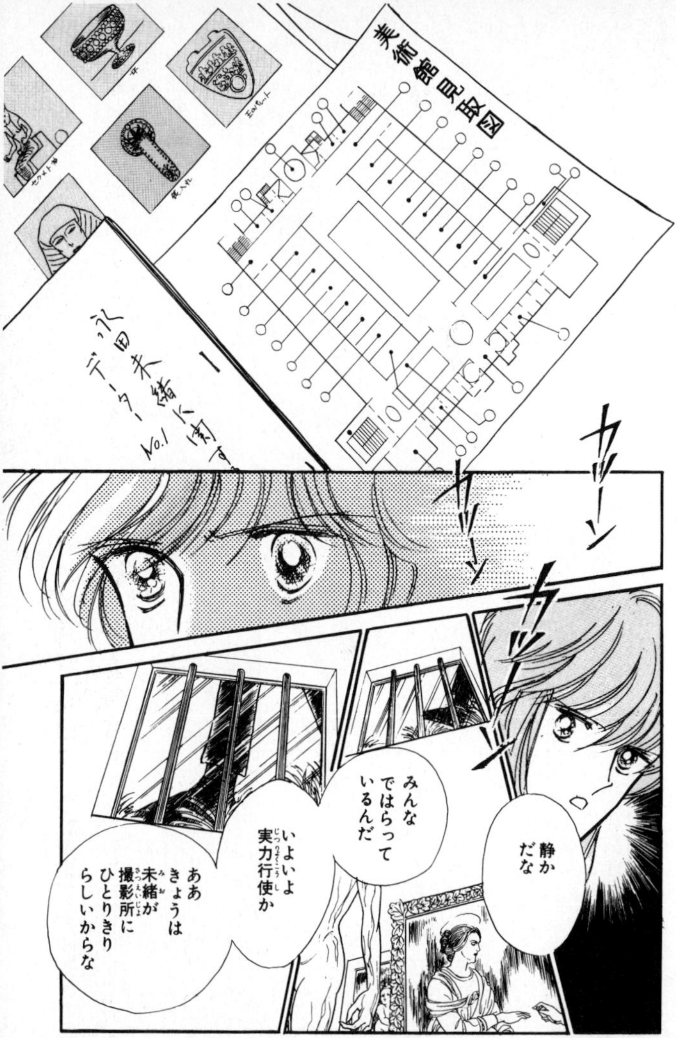

美術館見取図
セクメト像
杯
永田未緒に関す
データ No.1
カァーン
カァーン
カァーン
静かだな
みんなではらっているんだ
いよいよ実力行使《じつりょくこうし》か
ああきょうは未緒《みお》が撮影所《さつえいじょ》にひとりきりらしいからな

もしもし
今ロケでいませんよ
永田《ながた》さん？えーと
おたくどなた？
くそ
ガチャッ
ダッ

おっ どんぐり
こいつを見たら もっと昔の 未緒《みお》に もどるかも しれねーな
カバ丸《まる》ー 時間だぞー
こりゃあ 忍者《にんじゃ》の 薬《くすり》でい
フフ…… 誠樹《せいき》ったら どうやって カバ丸《まる》くどいて つれてきたの かしら……
Chac
CHAC《チャック》で であって ほんとは あたし すごく うれし かった…
でも……

もう
そろそろ
ここから
はなれなくっちゃ……

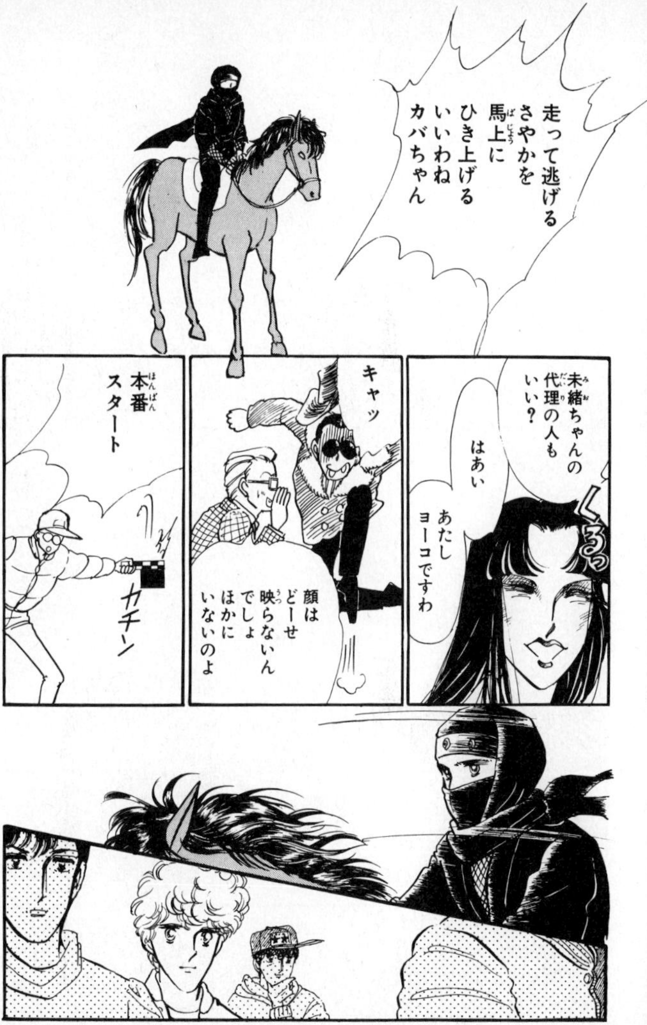
走って逃げる
さやかを
馬上《ばじょう》に
ひき上げる
いいわね
カバちゃん
未緒《みお》ちゃんの
代理《だいり》の人も
いい？
はあい
あたし
ヨーコですわ
くるっ
キャッ
顔は
どーせ
映《うつ》らないん
でしょ
ほかに
いないのよ
本番《ほんばん》
スタート
カチーン

……
……て
助けて
馬上《ばじょう》に
ひき上げる
あれー
カバ丸《まる》
!?

誠樹《せいき》ちゃん!?
おー
未緒《みお》のてんぷらばしでぃ
いくぜっっ
ぬなっ

キャー——
ちょっと——
どこいくの——
本番《ほんばん》なのよ——
あんたたち——
なによ これ〜
ヒロ… ヒローイン〜
ひき上げんのは あたしでしょー

未緒《みお》
…のやろー
逃げろ
未緒《みお》

N01
上田《うえだ》さん
やっと きてくれたね 未緒《みお》ちゃん

まちやがれ
シュッ
シュッ
ガッ
ガッ
ガッ
カッ
カッ
カッ
NO!
コーン、コーンッ
疾風《はやて》
マミー…
あ〜ん あ〜ん
誠樹《せいき》
黒幕《くろまく》は
上田《うえだ》だぞ

そんなにおどろかなくてもいいきみはこれからぼくの家で暮らすんだよ
監督《かんとく》やCHAC《チャック》の連中《れんちゅう》も喜んでくれた
きょうからぼくがきみの保護者《ほごしゃ》だ
……じゃそれじゃ
ずいぶん長い間まったよ
あなたが今まであたしたちのあとを……
きみのお父さんは追っても追ってもきみをつれて逃げていってしまう
きみの力を 少しはかしてくれてもいいじゃないかぼくたちは幼なじみだったんだからね
あの日もきみのお父さんが協力《きょうりょく》してくれたらなにもきみをみなし子にしなくてもすんだんだ

ブレーキがきかない
ぼくといっしょにくるね未緒《みお》
きみといっしょなら世界中《せかいじゅう》の美《び》がわたしの手に入る
わたしももうこれ以上《いじょう》犠牲者《ぎせいしゃ》はだしたくない
気をおとさないで
なにかあったらいつでもぼくに連絡《れんらく》ください
おまえの手口《てぐち》はそれか
織田《おだ》くん
なんのことだね部外者《ぶがいしゃ》はだまっていてもらおうか

だまれ 美術品《びじゅつひん》 窃盗犯《せっとうはん》
長年《ながねん》 おまえの 欲望《よくぼう》で 未緒《みお》を 苦しめて
未緒《みお》を どろぼーの 手先《てさき》にして たまるか
それ 以上《いじょう》 近づくんじゃ ない
おいで 未緒《みお》
これ以上《いじょう》 犠牲者《ぎせいしゃ》は だしたく ないといった はずだよ
いくな 未緒《みお》

未緒《みお》

これで わかった でしょう
またいつ こんなことが 起こるかも しれない
あたしが そばに いると めいわく するわ
未緒《みお》
あたしは ふつうと ちがう もの……
誠樹《せいき》は
あんたの身《み》に これから よくないことが 起こりそうだといって おれたちの住む山へ やってきたんだ

あんたを助けたい一心《いっしん》で
だれだって人間《にんげん》その気になりゃ思いもしねー考えや力が飛びだす
あんたのはそれが人よりすぐれてるだけだ
そうでいっっ
おれだってその気になりゃだいぶはなれたところから
やきそばのにおいがかげんぜっっ
パリ
ポリ
カア
注はやて
未緒《みお》ぼくにきみをまもらせてくれよ

幸せに
おなり
未《み》緒《お》……

山に帰ったあ!?
そんなー あたしゃ あの子の 躍動《やくどう》する姿に ほれてたのよおー
泣いて いいとも
けがした すうどんマンも けえーって きたし
このどんぐりも もう いらないな
カバ丸《まる》 金玉《きんぎょく》の前でも とおって 帰ったら どうだ
大久保麻衣《おおくぼまい》に バッタシ会える かもしれねーぜ じいちゃんには だまっといて やるよ
……
…… いいよ べつに おりゃ
顔に 会いて——って 書いてあんぞ
カア
つん

カバ丸外伝 じゃぱにーず♥ひーろー 完

ひさびさに
家に帰る
ことにした
その週末《しゅうまつ》は
あっ
沈寝《しずね》さまよ
秋もいちだんと
深まった
おだやかな日で
やあ
また来週《らいしゅう》
さよう
ならあ
伊賀野《いがの》が
山へもどって
5か月が
過ぎさろうと
していた

丸《まる》
金玉学院王子様騒動編

伊《い》賀《が》野《の》
カバ

ワンワンワン
やあ お帰り 沈《しず》寝《ね》
ただいま 兄さんたち
くーん♡
ゆっくり 顔を見るのは 夏休みいらい ではないかね
どうだい 学校は
さぞかし カバ丸《まる》くんが いないので みな さびしい思いを していること だろうね
ええ 不気味《ぶきみ》なほど 静かで 平和《へいわ》です
ところで 重大《じゅうだい》な話とは いったい なんです

そうそう 一大事《いちだいじ》なのだよ 沈寝《しずね》
またなにか かわった 料理《りょうり》でも 発明《はつめい》したんですか
そんなていどのものではないんだよ 沈寝《しずね》
では 新種《しんしゅ》の 着せかえ 人形《にんぎょう》でも？
おや 近いね
ぬっ
←㊟沈寝

兄さんっっ人形《にんぎょう》と人間《にんげん》の区別《くべつ》もつかないんですかあれは人形《にんぎょう》じゃない人間《にんげん》じゃないですかいったいどこからさらってきたんですっっっ
いえさらわれてきたのではありません
あなた方の父上《ちちうえ》さまのおはからいによりきょうよりしばらくごやっかいになります
どうだいアラブのお方にしては日本語《にっぽんご》がおじょうずだろう
得意満面
ポッ
わたしの母が日本人《にっぽんじん》でしたので

アラブ……
先日《せんじつ》父上《ちちうえ》からエアメイルがとどいてね
ハァイ
アラブの友人の子息《しそく》をうちであずかってほしいというのだよ
友人アルドウ氏《し》はわが日本国《にっぽんこく》の石油事情《せきゆじじょう》においてたいへんなご協力《きょうりょく》をいただいているオイル・ダラーで
ご長男《ちょうなん》の名まえはハリールくん……
わたしはハリールさまの教育係《きょういくがかり》でキュウメイ・ウズと申します
こちらはおそばづかえのガン・セイロ
マーク・ラッパノ
ハリールくんは旅のお疲《つか》れで今休んでおられるのだ

!?
ハリールさまが
お目ざめに
なられた
セイロ
ご洗顔《せんがん》の
ご用意《ようい》を
ラッパノは
おめしかえの
ご用意《ようい》だ

ど…どうぞ洗面所《せんめんじょ》はこちらでございます
おお
見たかねあの洗面道具《せんめんどうぐ》を
金《きん》の歯《は》ブラシ宝石《ほうせき》のちりばめられたすえっけん箱……あれはアレキサンドリアだった
ハリール・ナヴァ・アルドウです

さてこちらがわが家《や》の末《すえ》っ子《こ》で
ハリールくんよりひとつ年上の
沈《しず》寝《ね》です
よろしく
よろしく……
日本《にっぽん》へいらっしゃったのは観光《かんこう》ですか
あ……いえ
なにぶんわがアルドウ家《け》ご当主《とうしゅ》は教育《きょういく》ご熱心《ねっしん》なお方で

それは高度《こうど》で徹底《てってい》していると うわさの高い日本《にっぽん》の学校教育《がっこうきょういく》を ハリールさまにお受けさせたいと せつに ねがわれまして……
チラ…チラ…
チラ チラ… チラ チラッ
クーン クーン
パム パム
いかが なさいました ハリールさま
ハリールさまが 犬をお近くで ごらんになりたいと 希望《きぼう》されて おるのですが
失礼《しつれい》ですが 危険《きけん》は……
どーぞ どーぞ
ランスロットは とても おとなしい 犬です

セイロ
お庭用《にわよう》の
おはきものの
ご用意《ようい》を!!
……
それ
重大《じゅうだい》な話とは
このことなのだよ
沈寝《しずね》
どこの
学校を
紹介《しょうかい》したら
いいものか
それにしても
また きゅうな……

友人　アルドウ氏《し》は
わが日本国《にっぽんこく》の
石油事情《せきゆじじょう》において
たいへんなご協力《きょうりょく》を
いただいている
オイル・ダラー……
黒い瞳《ひとみ》の なんと気品《きひん》の あることか
やはり なんといっても わたしが 教鞭《きょうべん》をとっている 紅学園《くれないがくえん》が 彼には似《に》つかわしい
ふふ…… 楽しい 学園生活《がくえんせいかつ》に なりそうだ
いや わたしの 桔梗学園《ききょうがくえん》のほうが 彼には 似《に》つかわしい
兄さんたちの 学校は だめです
なっ なぜだね 沈寝《しずね》
じょうだんは 頭だけにして
よく考えて ごらんなさい 兄さん方

紅学園《くれないがくえん》は
隣校《りんこう》の生徒との
あらそいごとが
たえず
桔梗学園《ききょうがくえん》には
海棠《かいどう》なにがし
とやらの
名物《めいぶつ》アホ男が
いると聞いています
林
ふ
東
そんな学校に
入れて　もしも
ハリールくんが
学校同士の
けんかにまきこまれて
けがをしたり
アホがうつったりしたら
どうする気ですか
アチチ・アーチチ
コミタン コミタン
ハ
石油
STOP
売らねーやいっっっ
ダディー
ハ
いいんですか
われわれは
資源《しげん》のない国
日本《にっぽん》に
住んでいるん
ですよ
……
それじゃ
どこの
学校に
する気
だね
いとこの
耕元の
桃栗高校とか
金玉学院《きんぎょくがくいん》です

今は あの 伊賀野《いがの》も 山へ帰っていて 平穏《へいおん》きわまりない 金玉学院《きんぎょくがくいん》……
兄たちにまかせるよりは 安心だ
しかし沈寝《しずね》 カバ丸《まる》くんが いない金玉《きんぎょく》など つまらないんじゃ ないかね せっかく はるばる海を こえて……
彼らを よんで きます
コンコン
用意《ようい》は できまし たか
どうぞ
わあ

どっどーしたんです そのかっこうは
なるべく人目《ひとめ》につかぬよう女装《じょそう》を
あ…いや なにせ ハリールさまはめだつことがおきらいで
おことばですが昼間《ひるま》そのようなかっこうですとよりめだつのではと思うのですが
ヤア
↑注 ウズ
そうだ ここはもう日本《にっぽん》だったんだ
そらみろ ウズ やっぱり きのう空港《くうこう》でやたら人びとに見られていたと思ったのは気のせいじゃなかったんだ
いつもそーなんだ おまえは思いこみがはげしすぎるんだ
ズキ
この服のせいだったんだ
おお

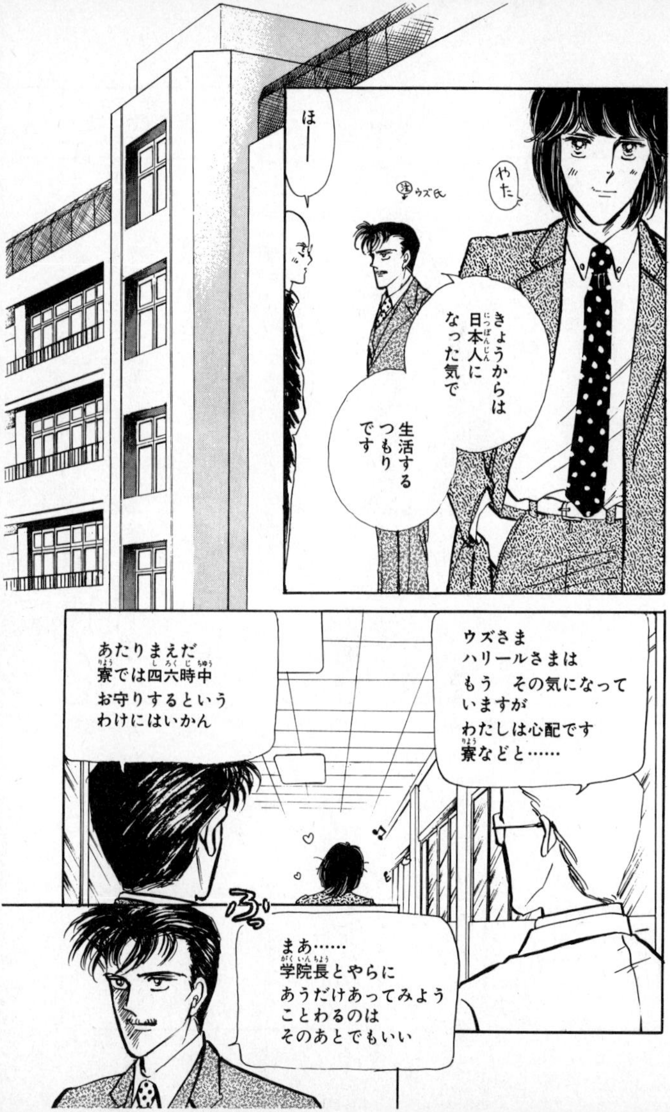

やた
注 ウズ氏
きょうからは日本人《にっぽんじん》になった気で
生活するつもりです
ほーー
ウズさま
ハリールさまは
もう　その気になって
いますが
わたしは心配です
寮《りょう》などと……
あたりまえだ
寮《りょう》では四六時中《しろくじちゅう》
お守りするという
わけにはいかん
ふっ
まあ……
学院長《がくいんちょう》とやらに
あうだけあってみよう
ことわるのは
そのあとでもいい

院長室
まあ おまち申して おりました
わたくしが 当学院《とうがくいん》の 院長《いんちょう》 大久保《おおくぼ》です
お話は お電話で うかがい ましたわ
おどろきましたな　ウズさま よりによって院長《いんちょう》が 女性《じょせい》ですよ とてもこんなところに ハリールさまは まかせられません
ウズさま…？
似《に》ている……

……似《に》ている
おととし
亡《な》くなった
わたしの
母に……
よろこんで
おひきうけ
させて
いただき
ますわ
わが金玉学院《きんぎょくがくいん》は
それは秩序《ちつじょ》ある
すばらしい
学院《がくいん》です
どうぞ
ご安心なさって
くださいまし
『よして下さい』
『よします』
……よ
ろしく
おねがい
します
アッラー
さあ
それでは
さっそく
手つづきを
教頭《きょうとう》
……
しまった
わーい
あの
ガッコウの中
見てきて
いいですか
ええ
どうぞ
かまいま
せんよ

ウズ ここはもう ニホンだよ
ガタン
ぼくが ご案内《あんない》しますから
サララ…
ほんとうに おかわいらしい おぼっちゃん ですこと
はい アルドウ家《け》 ご当主《とうしゅ》さま ご自慢《じまん》の ご子息《しそく》で
若くして 亡《な》くなられた 奥方《おくがた》に似《に》て おられると それは鼻…… じゃない…… 目に入れても 痛《いた》くないといった おかわいがりよう
あの われわれも いっしょに こちらの寮《りょう》で 生活しては まずいで しょうか

まあ
ホホ…だいじょうぶですよ 日本語《にっぽんご》もおじょうずだし すぐにみんなとうちとけて うまくやっていけますわ
そんなにご心配なら わたしのアパートのとなりがあいてますが どうです？
学院《がくいん》からも目と鼻の先
この男 院長《いんちょう》を見る目つき ただごとじゃない
ここが音楽室《おんがくしつ》
図書室《としょしつ》
化学室《かがくしつ》

すごい
すごい
ぼく
ガッコウって
いうとこ
はじめて
なんだ
ベンキョーは
イエの中で
ならったんだ
わっ
このヘヤ
なに?
シズネ
生物室《せいぶつしつ》だ
あれは?
アルコール
づけの
ヘビ
あっ
トリ
はく製《せい》だ
あれは?
サルの
はく製《せい》
サルの
ワクセーが
なにか
たべてる

いっつ
伊賀野《いがの》——
よお
どこのバカ声かと思ったら沈寝《しずね》じゃねーか
ってー
なんの用でい
それはこっちのセリフだ
修行《しゅぎょう》はどうした
山の修行《しゅぎょう》は
クス

スタ。。
幸運《こううん》にも またまた じいちゃんが 仕事で 消えちまってよ
フフ… とーぶん 帰りそーに ねーんでい
とうぶん?
ぶぉり ぶぉり
5年に なるか 10年に なるか
ハッ

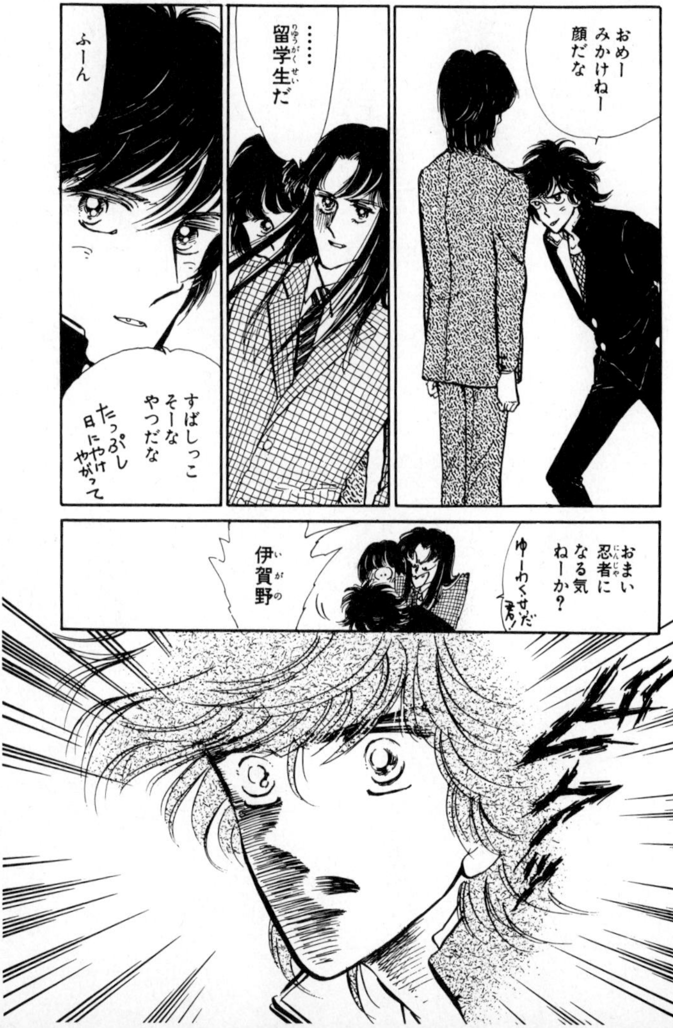
おめー みかけねー 顔だな
……留学生《りゅうがくせい》だ
ふーん
すばしっこ そーな やつだな たっぷし 日にやけ やがって
おまい 忍者《にんじゃ》に なる気 ねーか？
ゆーわくせんだ 君！
伊賀野《いがの》

つーん
?
くん
ズッ

いっ いまのヒトは?
かんてん入り ストロー
中は パットライス
水あめはさんだ カルメやき
パットライス
パット・ライス・ボール (水あめでかためてある)
梅ジャム
バナナのカステラ
水あめ
伊《い》賀《が》野《の》カバ丸《まる》
では そのアパートやらへ ぜひ
いいとも
ザン
ザシ
くす
あーんちゃん♡ ちょーだいなっっ
いも
イガノ カバマル……
すごいヒトだ……
……

いくぜ
麻《ま》衣《い》
ええ
カバ丸《まる》
あ
麻《ま》衣《い》!?
わあ
へんな音
麻《ま》衣《い》
なにやってんだ
早く逃げるん
でいつつ

PPPPPPPPP..
P…
……
がばっ
そうだわ
きのう
カバ丸《まる》くんが
きたんだわ

早く
おきなくつちゃ
また きょうから
いつしょに
学院《がくいん》に
かよえるなんて
夢みたい
だけど
ひさびさに
あつたせいかしら
なんだかおとなつぽく
なつたみたいだつたわ
カバ丸《まる》くん……
キリッ
よぉ
そうよね
つらい修行《しゅぎょう》を
つづけてきたん
ですもんね
おきゃあーー
りいっっ
おっ♡

バババ
ババッッ
㊟よー大久保麻えっっ
おっともったいねー——
あっあんなにはいってたなんて
大久保《おおくぼ》麻衣《まい》
よお
へへ‥
よかつた
おはよう
中身《なかみ》はぜんぜんかわつてないわ
さあさあ見とれてないであなたも早くお食事なさい
はーい
はーい

伊賀野才蔵
わけあって
山をおりることに
あいなり候《そうろう》
わが目 届《とど》かざりければ
愚者《ぐしゃ》カバ丸《まる》のこと
必《かなら》ずやそちらに
舞《ま》いもどり
ごめいわくをかける
所存《しょぞん》と思われ候《そうろう》
その節《せつ》はかってながら
なにぶんよろしく
ご指《し》導《どう》のほど
願いたてまつり候《そうろう》
才蔵《さいぞう》さま
わかりましたとも
心おきなく
出立《しゅったつ》なさいませ
キャン
パッ

へへ
若い者に負けるもんかつつ
むん
おっ
おはよう麻衣《まい》
おはようすみれちゃんさくら子《こ》ちゃん
大ニュースよお
え———!?アラブから留学生《りゅうがくせい》ー?
男の子!?

はやく
みんなに
知らせ
なくっちゃ
あっ
それから
もうひとつ
大ニュースが
……もったい
ぶったのが
いけなかったわ
ぶあり
ぼぁり
えー
ほんとか
よー
ワィワィ
いったい
どのクラスに
はいるんだ?
ねー
それから
ねー
ザヤザヤ
ヘーアラブ
同い年だってー
あらー
きっと
すぐれ者
ぞろいの
わたしたちの
クラスに
きまってる
わよね―
その
とおりだ
アルドウくん
はいりなさい

ハリー
ハリール・ナヴァ・アルドウです
どうぞよろしく
日本語《にっぽんご》うまい
わあ♡。。
ステキ‥
席は豚山《ぶたやま》のとなりへ
カァ
おや 伊賀野《いがの》くんは どうしたね きょうから登校《とうこう》の はずだが…
ザヤ ザヤ
え〜
伊賀野〜
うそ〜 カバ丸君がぁ〜
麻衣《まい》—— なんで おしえて くんなかった のよ——
ね

イガノ……
じゃ この空席《くうせき》が イガノくん…
はあい♡
わあ
ズ
ッ
わっあ——
伊賀野だ——
よお とうぶん せわん なんぜっっ
さあ みんな 静かに 静かに
パムパム
せんせー— アルドウくんが 腰《こし》ぬかしてまーす
よろしく たのむぜっっ あっくしゅ
くす
あっくしゅ
あっくしゅ
あっくしゅ
あっくしゅ
ふふ
あっくしゅ
かわってないわねー
あっくしゅ
あっくしゅ

III-紫
やはり伊賀野《いがの》のクラスへはいったか……
やつのハリールを見た時の目つきが気にかかる
すばしっこそうなやろーだな
ランスロッドの場合
未熟者
未熟者
未熟者
未熟者《みじゅくもの》
未熟者《みじゅくもの》
未熟者《みじゅくもの》
オイル・ダラー氏の目の中にはいっても痛《いた》くない長男《ちょうなん》

……
覇《は》気《き》がない
どうなさったのかしら
悩みごとがおありならこのわたくしにいってくださればよろしいのに…
あと5分か……
チラチラ
ソワワワ
落ちつきがない
キーン…コーン…
ガタ

あ………
かおる
←注 道具をすでにしまっている
まちきれないようだね目白《めじろ》くん
注 てーちゃー
ふふ
まあいい……ではきょうはこれまで
きーん
ド
ガラ
れいっ
目《め》っ…目白《めじろ》──まてよ──
沈寝《しゃね》さまがおろーかを走っていなさるだ
やん
あたしはてーちゃーよ

タタッ
タッ
チッ 便所《べんじょ》ならいっしょにいこうと思ってたのに
べん……
……あら そういうことでしたの
ポッ
……沈《しず》寝《ね》さまともあろう方が……
それにしてもあのおいそぎよう……
あ……
？
うずき うずき
母性《ぼせい》ホンノーが……
Ⅱ-

沈寝《しずね》さまだわ
あ……
フー
無事《ぶじ》だったか
伊賀野《いがの》は
いないようだな
シズネ
やあ
べつに用は
ないんだ

ただ きみのことが 気になって
顔を 見にきた だけさ

Ⅲ-紫
え——? 沈寝《しずね》さまが!?
ピク
息《いき》せききって 2年紅組《べにぐみ》の 留学生《りゅうがくせい》に あいにいったんですって
ピッタリ よりそう ふたりの姿は 絵のようで とてもあやしげな ムードだったって そりゃあ 評判《ひょうばん》だったそうよ
あっ かおるさんも 聞いて くださらない
さっきから 聞こえてまし てよ
このカバ声
ホホ…
目白家《めじろけ》で おあずかりしている 留学生《りゅうがくせい》ですもの ただ心配で ようすを見に ゆかれたのでしょう
そっ そーだよなっっ まぎらわしい いい方すんの よせよな

キーンコーンカーン
ハーフー
きりっ
今までごいつしょだつたのかしら
キーン… コーン…
ソワソワ
また

Ⅱ-紅
でもほんとうかしら沈寝《しずね》さまがハリールくんと♥♥なんて
キャー
まさかねー
やっだー
沈寝《しずね》さま
まだ「きりつれい」もしてないのに……
あの……留学生《りゅうがくせい》のアルドウくんは
あ……今伊賀野《いがの》くんといっしょに……
いっしょにふたりで!?

ふたりで
どこに
いったんだっっ
教えてくれ
ないか
大《おお》久《く》保《ぼ》さんっっっ
はっはい
つっつぎは体《たい》育《いく》で
こっ更《こう》衣《い》室《しつ》に
更《こう》衣《い》室《しつ》
ちょっ
ちょっと見た?
今の沈《しず》寝《ね》さまの
とりみだしよう
しっ……
信じ
られない
教えてくれないか大久保さんっっ
やっぱり
ふつうじゃ
ないわよぉ
三《さん》角《かく》
関《かん》係《けい》
だったりして
キャー
まさか
まさか……
ハッ
更《こう》衣《い》室《しつ》!

スッ
スッ
クス
忍法《にんぽう》早着《はやき》がえの術《じゅつ》
スタ…
スッ
あいかわらずすごいなあ
パチパチ

な……なんてすごいんだ
ぼくもあんなふうに身軽《みがる》になれたら……
自由にどこへでも行けるだろうに……
ガラッ
キ
H
サッ
……
ハーフー
ハーフー
失礼《しつれい》
目白《めじろ》さんだ
シズネ
やあ……
くつひもがむすべないのじゃないかと思って……

カパ
ハリール
伊賀野《いがの》トライだ——っっ
ズザ

赤組の勝ち！
すこし早いが きょうの 授業《じゅぎょう》は これまで
わー！ やったー！
わーー こんなに 歯形《はがた》が～～っっ
なんで 口《くち》でうけ るんだ？
ふふ むかしの くせでよ ついな……
ふふ…
逃げる カバ丸
んぐ んぐ んぐ

んぐんぐ…
！
なんだ また てめーか 人のあと ばかし ついて きやがって いって—— なんの用でい
イガノ どうすれば そんなふうに なれるか おしえて くれないか
ぼくも きみのように タカく飛んだり ハヤく走ったり したいんだ

ふっ はじめて あった時から どうも すばしっこ そうだと 思ったが……
そーか おまえ 忍者《にんじゃ》に なりてーのか
ニン……？
いいえ
ぶん
ただ ぼくは キミの ように タカク 飛んだり ハヤく 走ったり
カボチャ
そーいう だいそれた 人間《にんげん》さまを 忍者《にんじゃ》さまと いうんでいっっ
まあ いい
忍者《にんじゃ》の 修行《しゅぎょう》を こころざすとは いい度胸《どきょう》だ

よし
おまいを
今から
弟子《でし》に
してやろう
カァ
これからは
おれのことを
お師匠《ししょう》さまと
よぶんだ
お師匠《ししょう》さまっっ
いってみろ
おしょーすさまっっ
おソース
さまじゃ
ねーーっっ
おソース
さまは
やきそばに
おかけする
しろもんでい
やきそば
注 おヨダ
ダラ~
ついて
きな
ビチョ

目白《めじろ》
おれだけには
ほんとうの
ことを
いってくれっっ
Ⅲ-紫
あの
留学生《りゅうがくせい》と
どーいう
関係なんだっっ
ワイワイ
よ
よした
まえ
高田《たかだ》
くん!
わたし
信じられ
ないわ
沈寝《しずね》さま
目白お〜
ハーフー
わっっ

沈寝《しずね》さま いったい どういう ことですの
野々草《ののぐさ》くん きみもか……
……だから なんども いっているように 彼は石油王《せきゆおう》の 息子《むすこ》で たいせつな 留学生《りゅうがくせい》だ
学院《がくいん》だけでなく 日本《にっぽん》にとっても…… 彼の洗面道具《せんめんどうぐ》を 見たことがあるか……
せん…
あっ きみ ちょっと
いつになく 説得力《せっとくりょく》のない ご説明《せつめい》
沈寝《しずね》さま 今まで わたくしの 愛が つうじなかった 理由《わけ》が はっきり しましたわ
でも ひどい……

あれではまるでエドガーとアランの世界ですわ
いくらわたしがそのての書物《しょもつ》や映画が好きだからといって……
ハリールくんと伊賀野《いがの》くんがもどっていない〜〜〜〜!?
もうつぎの授業《じゅぎょう》が始まる時間じゃないかいつからいなくなったんだい?
ザワ
あのあわてよう やはりうわさは
カシャ
カシャ
カシャ
すいませんごめんなさい
金玉《きんぎょく》タイムズ「ゴシップコーナー」の梨本《なしもと》です

ザワ ザワ
ハリールくんと♡というのはほんとうですか
いやーおどろいちゃいましたよボク
悪いがいそいでるんで
おいそぎのところほんとごめんなさいねすいませんちょっとでいいんスけどねお話うかがえませんかあ
キーンコーンカーン
し…沈寝《しずね》さま授業《じゅぎょう》が……
まんぷく堂
よおカバ丸《まる》
よおスーばあちゃんすまねーが大もりやきそば20人分弁当《べんとう》にしてくんねーか
へーここでくってかねーのか
へへちょいとな
キョロ キョロ
ぐるる〜
やきそばも知らねーたあはずかしい無知《むち》やろーめ

どーだ やきそば くいてーか
くいてー くいてー くいてー
がっつくん じゃねーっっ
おいおい 手かげんしろよ カバ丸《まる》 目白《めじろ》一家《いっか》で あずかってる 例の留学生《りゅうがくせい》 だろ
めんこいやんけ
ふふ
今じゃ おれの 弟子《でし》でい なあ ゆーわく せいだ
はい
でも ぼくの なまえは ハリール・ナヴァ・ アルドウです
Ⅲ-紫
おや その席は 目白《めじろ》くんだね 早退《そうたい》かね？
ヒソヒソ
ザワザワ
沈寝《しずね》さまったら そうまで なさつて…

Ⅱ－紅

最後に彼らを見た人はだれだい？
手をあげてくれないか
先
……
あ……すぐすみますので
ちょっと──麻衣《まい》カバ丸《まる》くんもスミにおけないわね──
なにいってんのよすみれちゃん
じょうだんじゃないわカバ丸《まる》くんが♡だなんて
だけど……それにしてもハリールくんどこへ行ってしまったのかしらまだなれない留学生《りゅうがくせい》なのに
なんでも聞いてそのての本いっぱいもってるのよ
ほんとうにカバ丸《まる》くんがつれ出したのかしら……
カバ丸《まる》くんてば沈《しず》寝《ね》さまのお兄さま方とも仲がいいし……
知らず知らずのうちに……
やーねー麻衣《まい》じょうだんよー
すみれちゃん1冊《さつ》かして

ほり
ほり
ほり
いいにおい
だろ――
←注 ハリールのハンカチにつつんだやきそば
くいたかったら飛べ――
←注 ハリール
ぐるる
飛べ――っっ
飛べ――っっっ

飛《と》……
あっっ
くった……
くっ……
お…… おそろしいやつ

くそ——やはりいっきに上の枝《えだ》にするべきだったた
それにしてもなんといじきたねーやろーでい
よっぽどひで——育ち方したにちげーねー
くすん
おいなにしてやがる
ハーフー ハーフー
ああ
非情《ひじょう》になりきれなかったおれのやさしさをなんとかしてくれ——っっ
ハーフー ハーフー
よしつぎはこの高さだ飛べいっっ
アツイ
そーいうくそなげー髪《かみ》してっからだ
そーいうカミガタ
きっとそーだ
よしおれが切ってやる

神谷コーポ
ああ骨皮《はねかわ》さん骨皮《はねかわ》さんゴミはこちらですよ
あ……ぼく米川《よねかわ》です
なにからなにまですみません宇津《うづ》さん
月水金は分別《ぶんべつ》ゴミ火木土が生《なま》ゴミの日ですからね骨皮《はねかわ》さん
あ……米川《よねかわ》です
月水金が分別《ぶんべつ》
いろいろありがとうございましたたすかりました
いえいえおたがいさまですよ骨皮《はねかわ》さんじつはわたしどももきのうこちらにひっこしてきたばかりでして

米川《よねかわ》です
ああ そうだったん ですかあ
おや 兄が帰って きました
おかえり 兄さん こちら けさ ひっこして いらっしゃった
骨皮《はねかわ》です
じゃない 米川《よねかわ》です
ヨロ シク
で……
どうだった のだ セイロ
どうも
では のちほど
03 宇津

そ……
そうですか
まずい！
過《か》保《は》護《ご》の
ハリールくんが
いないと
知つたら……
なんの
さわぎかね
ワイワイ
ザヤザヤ
え？
よお
シズネ
キャッ
ハリールくん!?

こっこれは
いったい
どーした
ことだね？
ぶあり
ぼおり
あ〜〜あ
ハラ
へっちってい
シズネ
アックシ
(注)あっくしゅ
ナーンカ
くいて──
くいて──
くいて──
アックシ
アックシ
アックシ
ハアーイ
ふふ
クス
ハリールでいっっ

だれかに
にてる……
い……
伊賀野《いがの》くん――!!!
なんでい
きっ
きみは
――っっ
キャーン
くるくる
いじめっこ沈寝《しずね》の
㊟この逃げ方は ムチの抵抗《ていこう》をものすげく少なくするために極限《きょくげん》にくゥらだを小さくまんまるにしてすみやかりにものすげースピードで逃げるんでい ㋐
ただ今スロ－モ－ションでおおくりしてるんでいっっ
くるくる

スタッ
おししょーさま
タダイマのは
忍法《にんぽう》ムチのがれ
ニンポーウチノカレ
ビターン
うちのカレーじゃねー——

よっ
よしたまえ
伊賀野《いがの》くん!!!
ジュルー
いやしい
やろーめ
なんという
ことをするんだ
ハリールくんは
たいせつな留学生《りゅうがくせい》
じゃないか
いいんだよ
シズネ
そーでい　こいつが
どうしても
忍者《にんじゃ》になりてー
つーから　いやいや
弟子《でし》にして
やったんでい
くそったり
弟子《でし》にした
以上《いじょう》
ビシバシ
きたえて
やるのは
おれの役目《やくめ》だ
なー
ハリ公《こう》
はい
おしょー
さま
おしょーさまだ
ポクポク
おりがボーズに
見えがっ

ああ
ハリールではなく
伊賀野《いがの》を見はっているべきだつた
あ
院長《いんちょう》
まっ
まずい
ぬなっつ
また院長《いんちょう》にただならぬ視線《しせん》を
アックシ
やあ
沈寝《しずね》くんに
教頭《きょうとう》先生
あのハリールさまはどちらに
あウズじゃないか
よお

ハリールさまっっ
なっなんという
お姿に!!!
絶望
石油はもう売らない
目白家が悪い
ハリール様を
いや
これだっっ
ウズ
さま!?
よく考えてみろ　セイロ
われわれは
ハリールさまと
すれちがったのに
全然《ぜんぜん》気がつかなかった
ではないか
ぼくの
アニたち
です
おししょー
さま
わあ
なんて
いってんだ?
たいせつなのは
お守りするだけでなく
敵《てき》の目をあざむく
これなんだ
アラブ語
だま

ウズさんがどうしてもそうしてくれとおっしゃるので兄弟《きょうだい》ということにしてあるのですよ
はあ
ウズ見ていろ
はっ
くる
すた

パチパチ
パチパチ
パチパチ
パチパチ
イガノカバマル おしょーさまの おかげで きょう できる ようになったんだ
おしょーさまは これの なん十《じゅう》バイも すごいんだ
カァ
ペチ
なん十倍《じゅうばい》じゃ ねーー なん万億倍《まんおくばい》だ
あて
サッ
↑注 ハリールのぶたれているのをかくしている沈黙
なん万億《まんおく》
ええ そりゃあ カバ丸《まる》くんは 並の忍者《にんじゃ》では ありませんもの
この なん万億倍《まんおくばい》も ハリールさまが 敏《びん》しょうに なられたら
万《まん》が一《いち》 危険《きけん》な目《め》に あわれるような ことがあつた場合《ばあい》 きっとお役《やく》に たつだろう

おしょーさまっっ
アッラー
これからも どうぞ 弟の ハリールを よろしく おねがいします
ラッパリとセイロ(注1)
ちょっ ちょっと まってください
どうでしょう 院長先生《いんちょう》 こうなったら 忍者同好会《にんじゃどうこうかい》として 発足《はっそく》させては もちろんぼくも くわわらせて もらいます
ちょうど 忍者《にんじゃ》の修行《しゅぎょう》が してみたいなっと 思っていたもの ですから
んまあ なんていい考え みとめますよ ええ わたしが顧問《こもん》に なりましょう
忍者《にんじゃ》ドーナッツ会!!
ちがうよ 伊賀野《いがの》
沈寝《しずね》さま……
じょうだんじゃねー いじめっこの おめーと なんかと 修行《しゅぎょう》 やりたく…

わたくしも入会《にゅうかい》いたしますわ
キャン
おれもはいるぞっっ
高田《たかだ》おまい陸上《りくじょう》はどーする気だ——
あたしもぉ
ハリールくんと沈寝《しずね》さまとカバ丸《まる》くん……
なんだかほっとけないわ
わたしも忍者同好会《にんじゃどうこうかい》に入会《にゅうかい》させてください
やるーぞっっ
みんなでキリキリ忍者《にんじゃ》のドーナッツ修行《しゅぎょう》で——いっっ

ええ やつらのアパートはつきとめました
今 3人は金玉学院《きんぎょくがくいん》にいったようです
フハハハ
ねらった獲物《えもの》はのがさねー これが黒豹《くろひょう》のジョーのキャッチフレーズ
まあ 見ててもらいましょうか
ハリールってこぞう あす中《じゅう》には暗いお部屋《へや》でおねんねしてるこってしょう
永遠《えいえん》に

霊安室《れいあんしつ》って——いう部屋《へや》でね
ああ 管理人《かんりにん》さん このへんに 安くてうまい ラーメン屋 ありますかぁ

堂
まいだ—— り——
レーレー
ワイ ワイ
ガャ ガャ
あ 骨皮《はねかわ》さん おかえりなさい
あ…… 米川《よねかわ》です
やあ にぎやかですね——
ええ いちばん末《すえ》の弟の友だちがたくさんきてくれてましてね
ほう

PLAY-BOY
ぞくっ
キャッ キャッ
じーーっ

じゃ
どーも
なつ
なんなんだ
あのこぞう
すげー目して
やがった
パタン
どうしたんだ
伊賀野《いがの》
……
ラーメンの
においが
する……
204 米川
それにしても
アラブ人たあ
気前《きまえ》のいい
人種《じんしゅ》だ
ふっ
あんな
アラブこぞう
ひとり
やるだけで
国さえも
買えそうな
金《かね》がはいるん
だからなあ
ねらった
獲物《えもの》は
逃がさねー

「殺《ころ》し屋《や》
黒豹《くろひょう》のジョー」
フィニッシュ
ビジネスを
かざるにゃ
ふさわしい
依頼《いらい》だぜ
さて あしたの 準備《じゅんび》に とりかかるか
ふふ 金玉《きんぎょく》と その周辺《しゅうへん》は すべて しらべつくして ある
ハリールは 2年紅組《べにぐみ》 だったな
ぞくっ
?
じーっっっ

チッ
こいつが
におう
だけか
部《へ》屋《や》ん中にゃ
ラーメンなんざ
ありゃしねー
まぎらわしい
やろーめ
くそつたり
けとばした
ろーか
ガラーロロ
スッ
注 カバ
チャッ
いない
注 すでにピーナッツがなくなってることに気がつかない骨… 米川

203
宇津
わ――
伊賀野《いがの》――
えんりょしろよ
すこしは――
ワィ
ワィ
ガヤ
ガヤ
ガツ
ガツ
ガヤ
ガヤ
いる……
目……
目の錯覚《さっかく》
だったのか
……
金《かね》のつかい道
考えすぎて
疲《つか》れてるのかも
しれん
きょうは
早くねよ……
ワィ
ワィ

おはようございます
え？ ウズさん？ ひげが…
ハリールさま… いや弟のハリールをみならって変身《へんしん》です
むつ……
若いっつ
204 米川

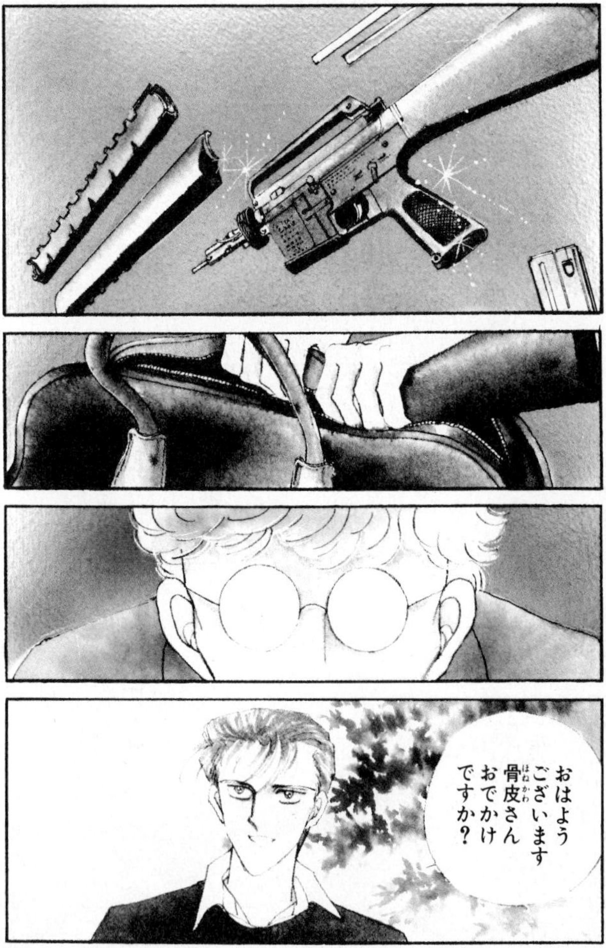
おはよう ございます 骨皮《はねかわ》さん おでかけ ですか？

あ……
米川《よねかわ》です
ええ
やっと仕事が
みつかり
ましてね
いって
らっしゃい
仕事か……
われわれも
なんとかしなくては
あ
オカエリ
ナサイ
マーク
ゴハンよー
大の男が3人も
フラフラしていては
あやしまれる
いって
らっしゃい
おなか
へって
らっしゃい

↑(注) よう児『ことばきょうしつ』

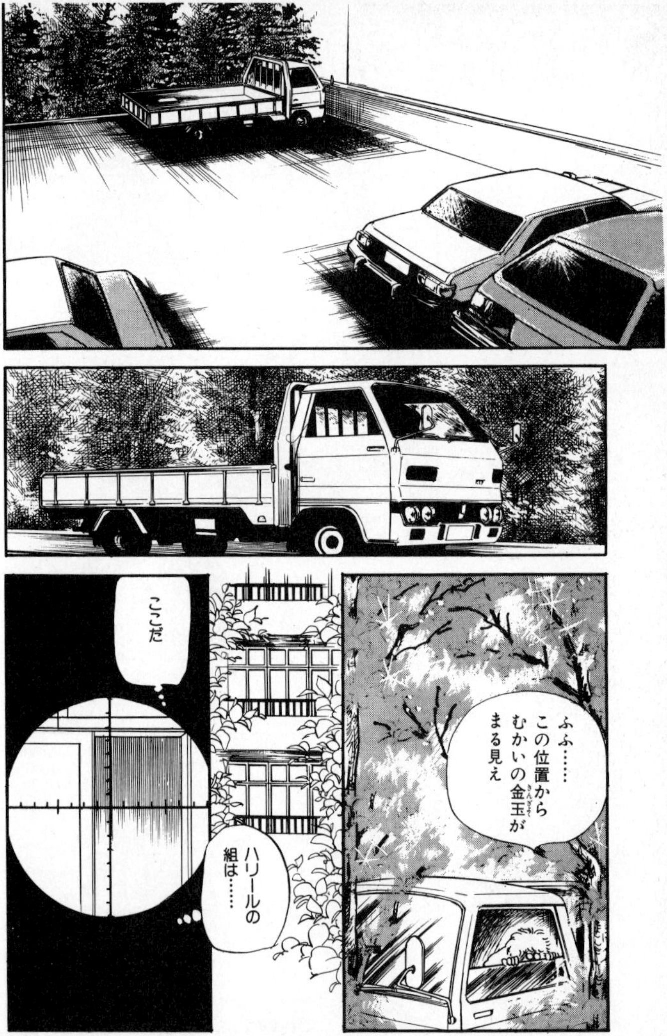
ふふ……この位置からむかいの金玉《きんぎょく》がまる見え
ハリールの組は……
ここだ

↑㊟骨…米川

やあ 失礼《しつれい》
フッ……
いくら イメチェン しても おれには つうじね——
きつ きのうの こぞうだつつ

ふぁり
ぽぉり
ぷぁり
ぽぉり
ふぁ〜
ふぁ…
じっとり
ハアハア
ハアハア
いちいちまねすんじゃねー
ハリ公《こう》
ペ☆
やれやれ
ったく
朝から べったし
おれにくっつきゃ
がって
カァ
ぴく

↑注 その手の本

キーン
コーン
カーン
チッ
授業《じゅぎょう》が
始まっちまい
やがった
それにしても
あのこぞう
まさか
おれがこうして
ハリールの命《いのち》を
ねらっているのを
知ってるんじゃ
……
まさかな
おれとも
あろう者が
なにをびびって
いるんだ
ラーメンでも
くって心を
落ちつかせよう
ガラ
らっせーい

？
おい？客じゃなかったのかカバ丸《まる》
しんなーい
ぶん
おりもべっくりしちまっていあけたと思ったら急にしめちめやがってェー

まんぷく
なっ……なぜだ
コロ…
なぜなんだ
カップラーメン
取り出し口
今は授業《じゅぎょう》のはずじゃねーか
カターン
まっまさか……おれを見はつている!?
するときのうのことも目の錯覚《さつかく》なんかじゃなかつたのか

しかし
あの時は
たしかに
ドアの音すら
しなかった
時間にしても
わずか数秒《すうびょう》の
出来事《できごと》だった
……と
思っていたのが
錯覚《さっかく》だったのか
……
それにしても
なぜどこで
ばれたんだ
おれが殺《ころ》し屋《や》だと
いうことが
カップラーメン
HOTTR
ハンバーガー
加熱中
取り出し口
あれこれ
あれこれ
キーン
コーン
カーン
ピク
ぐっ
くそー
『失敗』という
2文字を知らぬ
おれの10年の
キャリアにかけても
やりとげて
みせる!!!

ビク
ふあ
じュと!!ッッ
(注) あくびをおさえているベリール
くるっ
ビビッ

おしょーさま?
カップラーメンというしろもんのにおいがする
だ……
だめだ きょうは よそう
ゆっくり休んで あした出なおしだ
カサ…
コソ…
チルチルチルチル…
ゴクゴク
チルチル
あり？ こりは ハリ公《こう》の 写真《しゃしん》じゃ ねーか

チュルチュル
おもわず
グ
おわっっ!?

ふ――
たまげた
いって――
なんだってんだ
え?
金玉《きんぎょく》の前の
駐車場《ちゅうしゃじょう》で
事故《じこ》ったの
204にはいった
人らしいわよ
まあ
米川《よねかわ》とかいう人
やだ でも
どーして
駐車場《ちゅうしゃじょう》
なんかで……
骨皮《ほねかわ》さんが……
あっ

ピーポーパーポー
お金がいっぱ〜〜〜いになったらねえラーメン100ぱいくうんだあ〜〜〜
ヘラヘラ
そいでねそいでね
ヘコーキブンブンのパパーム
あははは
エ〜〜
ヘラヘラヘラ
骨皮《ほねかわ》さん……これはいったい…
ーえーーっっ
ライフルが出てきたってほんとーかー
こいつあすげえ改造銃《かいぞうじゅう》だ
プロだなこりゃ

殿下《でんか》
ドドドドドド
あの音やっぱ事故《じこ》だってよ
ワイワイ
II-紅
さあさあ席について
ウズ

殿下《でんか》ご無事《ぶじ》でしたか
殿下《でんか》……？
おーい
事故《じこ》ったトラックからすげえライフルがめっかったんだってよ
ふーー まいった まいった
よお ハリ公《こう》 今 あそこでぷえったんこになったトラック野郎《やろう》ん中におまいの写真《しゃしん》がはいってたぜ

院長室
じつは……
ハリールさまは わがラブアルデ国《こく》 現国王《げんこくおう》の 第一王子《だいいちおうじ》で あらせられ まして
ご本名《ほんみょう》を ハリールナキテス・ナヴァ・キビール・マアバドウさまと 申されます

セカセカ
いっこっずつ　ゆっくし
くわねーか
この
がっつきやろーめ
がっつきやろーめ
がっつきやろーめ
カッ……
カバ丸《まる》くん
およしな
さい
こっ
このお方は
アラブ
デルアブラ国《こく》の
……
ラブ
アルデ国《こく》
……
の国《こく》の
ハリールテキスト
キリンビール……
ハリール
ナキテス・
ナヴァ・キビール
マアバドウ王子《おうじ》

(注)次頁↑

おそれいります
というだいそれた王子《おうじ》さまですのよっっ
キャン
キャン
注→ラッパンとセイロ
ではそのことをおかくしになっていた理由《りゆう》は……
…………ハリールさまがお命《いのち》をねらわれておいでだからです
事故《じこ》ったトラックん中にライフルが
トラック野郎《やろう》ん中にハリ公《こう》の写真《しゃしん》があったぜ

わがラブアルデ国《こく》
国王《こくおう》……つまり
ハリールナキテスさまの
お父上《ちちうえ》は
ご病気がちな
ことから
王位継承問題《おういけいしょうもんだい》が
とりざたされる前にと
ハリールさまが
10歳になられた時
ハリールさまを
次期国王《じきこくおう》とおきめに
なられました
……それからです
注→
20才のウズ

そのころより
もしもの時はと
国を脱出《だっしゅつ》する覚悟《かくご》で
わたしはあらゆる国の
ことばをお教え
しました
ちげうちげう
どわめっっっ
あ〜う〜
くすん…
遊びだヨウ
しかし
昨年《さくねん》 国王《こくおう》が
ご病気で
おたおれに
なってからと
いうもの
敵《てき》の策略《さくりゃく》は
あっこら
愚劣《ぐれつ》 苛烈《かれつ》を
きわめ
いやしさたたりてわれ昇天す…
ばったー
ハリールさまの
お身の上に
数かずの
危険《きけん》な事が
おこるように
なったのは
ウズ

ウズー おなか すいた よ〜〜
きゅる きゅる
きゅぐるる〜
もう しばらく ごしんぼうを
注)一時間後まっくろにこげてくえなくなるパンのもと
こね こね
これ以上《いじょう》 母国《ぼこく》に おりましては ハリールさまを お守りする ことは できないと
目白氏《めじろし》の ご協力を得《え》て こうしてひそかに 日本《にっぽん》へまいった 次第《しだい》です
うそを ついていて 申しわけ ありません 沈寝《しずね》くん
あ…… いえ
こちらこそ ご身分《みぶん》も 知らず 失礼《しつれい》を……
それにしても 次期国王《じきこくおう》とは……
すいません がっつきやろーに なってしまって
こんなに 食べ物が たくさん あるのって ヒサビサで
どおりで 忍法《にんぽう》の修行《しゅぎょう》の おぼえが はえーと思ったぜ
いじきたねぇ やろーめ
しかし あんなに 目だたないよう 努力したにも かかわらず もうここまで 敵《てき》の手が まわっていようとは
……あの 骨皮《ほねかわ》さんが ………

そーか お家《いえ》騒動《そうどう》ってー わけかー
スーー!!! ちょっと なによあんた 立ち聞きして
しつこいサツの 目をまいて きたとこでー
↑注 木をつたってきたスー
モクモク
ってーと あのシャレコーベ みてーな 目ガネあんちゃん 殺《ころ》し屋《や》 だったっつー わけか
どうも ラーメンの くい方が しぶといと 思ったぜ
しーー しーー しーー
おばあさん このことは どうか 内密《ないみつ》に
お♡
なんでー なんでー
あんた だって十分 シャレコーベ じゃないのさ
で その 犯人《はんにん》にお心 あたりは

ええ
まだ確証《かくしょう》は
つかんでおりませんが
まずはハリールさまと
対抗《たいこう》する一団《いちだん》……
それは
ハリールさまとは
ひとつちがいの
弟君《おとうとぎみ》派《は》で
その弟君《おとうとぎみ》の
母君《ははぎみ》……
つまり
国王《こくおう》の
第三夫人《だいさんふじん》を
中心に……
ウズ
よさないか
アティーファの
ハハギミは
そんなヒトじゃ
ない
アティーファと
ぼくがどんなに
仲がいい
キョーダイか
いちばん知っている
ヒトだ
ぐにゃ

は………
しゅん…
さっ おししょーさま ニンジャドーナッツ会にいきましょ
ピク
ドーナッツか… いいとも
やべー
よし 行こうぜ 大久保《おおくぼ》 麻衣《まい》
え?
プ
はいく
ぼくのほうが いちばんデシなのに
まちたまえ ぼくもいっしょにいこう
あっ まてよ 目白《めじろ》
わたくしも
われわれも

わっせ
わっせ
うそ…
こっこえ〜よ〜
わっせ
ゴロゴロ
解説しよう
これはお寺とかのくかいだんを
利用して うしろむきになって
百回登ったりおりたりして
平衡感覚と 反射神経を
やしなう修行でいっっっ
どーでい おそれいって声も出まい
だいじょうぶ
ですわ
ウズさん
はあ
それにしても
あんなに
ハリールさまが
たくましく
なられるとは
わっせ
わっせ

わっせ
わっせ
あ……
そうだ
わたしたちも
お師匠《ししょう》さまの
お弟子《でし》にして
いただくわけには
いかないでしょうか
ギュッ
伊賀野《いがの》と
ハリールくんは
どうした
はい
それが

あの木の上へ登ったっきりおりてきませんわ
わっせ
わっせ
うそ…
ぼくにはオトートやイモートたちがたくさんいて
その中でもすごくわんぱくだけどひとつしかちがわないすぐ下の
オトートが気にいってるんです
おししょーさまは？オニーさんとかオトートとかいますか？

いるぜ 疾風《はやて》って しろもんがよ おれより 2つ年上でぃ
あのやろー じいちゃんに ついていきやがったが 今ごろなにして やがんだろ
チャ
オトートの アティーファとは ちいさいころから 仲よしで けんかもよくして
おれらと おなじでぃ
ふふ
カプ
もしも オトートに なにかあったら ぼくはぼくの イノチとひきかえに オトートを 助けてやる
アティーファだって きっとそう 思ってくれ ている

安心 しな ハリ公《こう》
こんど おめーがまた 命《いのち》ねらわれるよーな ことがあったら きっとおまいの弟の 『あちーわ』ってーのが 助《たす》けにきて くれるって
カァ
それによ この おししょーさまも ついてるしよ

ありがと――
おししょーさまっっ
だれだ
シズネ
やあ
ぼくも仲間《なかま》にいれてくれないかな
うるせ――
なんでおめーなんか
……

これをやろう伊賀野《いがの》くん
ガムッコ
メロン味
まあこっちへこいよ
ガムガム
くす
カバ丸《まる》手なずけの術《じゅつ》忍法《にんぽう》「ガムッコ」
シズネでいっ
HARIR♡KABAMARU
え——!?沈寝《しずね》さまがハリールくんとカバ丸《まる》くんをおって木の上に!?
30分もおりてこないんですかー!?

わっせ
わっせ
麻衣《まい》!?
まってよ―― 麻衣《まい》
わっせ
わっせ
わっ わたくしも
わっせ
おもっ
?
目白 なにしてんだー
ちょっと おさないでよ!
ドドド
パチン
パチン
パチン
パチン
パチンというのはガムのわれる音(注)

男は近所《きんじょ》に住む米川《よねかわ》スジ男《お》とわかり銃器《じゅうき》不法《ふほう》所持《しょじ》で逮捕《たいほ》されましたが名まえすら忘れただラーメンといいつづけているということです
また米川《よねかわ》のアパートにはほかに手がかりはなく……
ったく……『黒豹《くろひょう》のジョー』が聞いてあきれるぜ
どうすりゃ駐車場《ちゅうしゃじょう》なんかで事故《じこ》れるんだ
それにしてもよく証拠《しょうこ》をのこさなかったもんだ
ライフルといっしょに王子《おうじ》の写真《しゃしん》でも見つかってみろ……
事前《じぜん》に処分《しょぶん》したんでしょう
はっ

日本《にっぽん》には こんなていどの 殺《ころ》し屋《や》しか いないのかと いっておられますが
いえいえ こんどは だいじょうぶです
とっておきの ナイスガイ
غداء فطور
عشاء .....
しかし こういうことが つづいては警察《けいさつ》に かぎつけられは しないかとご心配に なっておられます
殺《ころ》し屋《や》は 闇《やみ》の商売《しょうばい》
失敗は死を 意味する
死して しかばね ひろう者なし
?
スタ
これが こんどの 新しい 殺《ころ》し屋《や》
人呼んで 「かんざしの 秀《ひで》」

ピッ

طرشی خفار
شیش کباب
はっ
お見うけしたところ
チラ…
かなり若い人に見えるが
スッ
腕《うで》の方はたしかなのかと申されて

↑㊟ 経験ずみ

ホホホ…
ورقة عنب محشو...
た……たいへん気にいったと申されておる
ゼハ
ゼハ ゼハ
شوربة فراخ
شربة خضار
عصير قصب
......

ただし
期限《きげん》は
あしたから
3日間
それを
すぎたら
失敗と
みなす
これから
われわれは
ホテルを
引きはらう
ことにする
連絡は
おって
こちらから
する
はい
承知《しょうち》
しました
それでは
これで
カチャン

フッ
用心深《ようじんぶか》い
やろー
たちめ

ダッ
おっとー
あんなところで立ちどまってなにする気だ
立ちションかな

…………
どうしたんだ
あ……アラクさん
やっ　やつが あそこに立ちどまったまんまなんです
ばかもの いってよく 見てこい

いっ
いつのまに
このすきに
やつめ
逃げて
いたのか
そうかな……
いくぞ
……

忍者同好会
練習にはいります前にあさっての日曜日におこなわれるクラス対抗《たいこう》アスレチック競技大会《きょうぎたいかい》についてお知らせします
会場は藤本《ふじもと》アスレチッククラブ
当日参加《とうじつさんか》できない方はあした中に申しでてください
なおウズさんたちは職員代表《しょくいんだいひょう》として参加《さんか》していただきます
えっ いや わたしどもは……
こうして練習させていただくだけで…
パチ パチ
パチ パチ
敵《てき》に塩《しお》を送《おく》る気《き》もち
パチ
おそいぞ おそいぞ
いっきにのぼるんだ

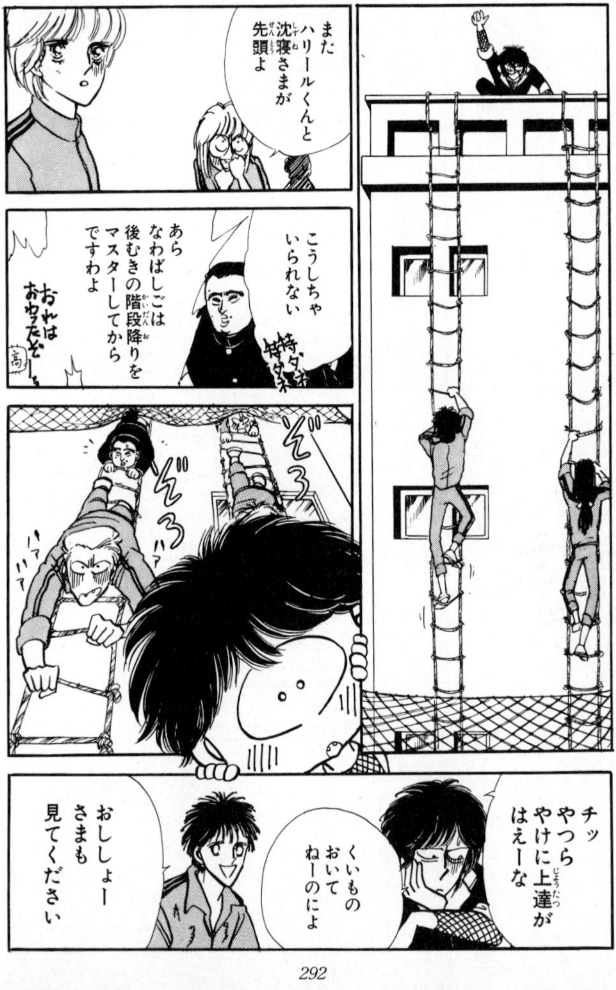
また
ハリールくんと
沈寝《しずね》さまが
先頭《せんとう》よ
こうしちゃ
いられない
特ダネ
特ダネ
あら
なわばしごは
後むきの階段《かいだん》降《お》りを
マスターしてから
ですわよ
高
おれは
おわったぞー
ぞろ
ぞろ
ハァ
ハァ
ハァ
チッ
やつら
やけに上達《じょうたつ》が
はえーな
くいもの
おいて
ねーのによ
おししょー
さまも
見てください

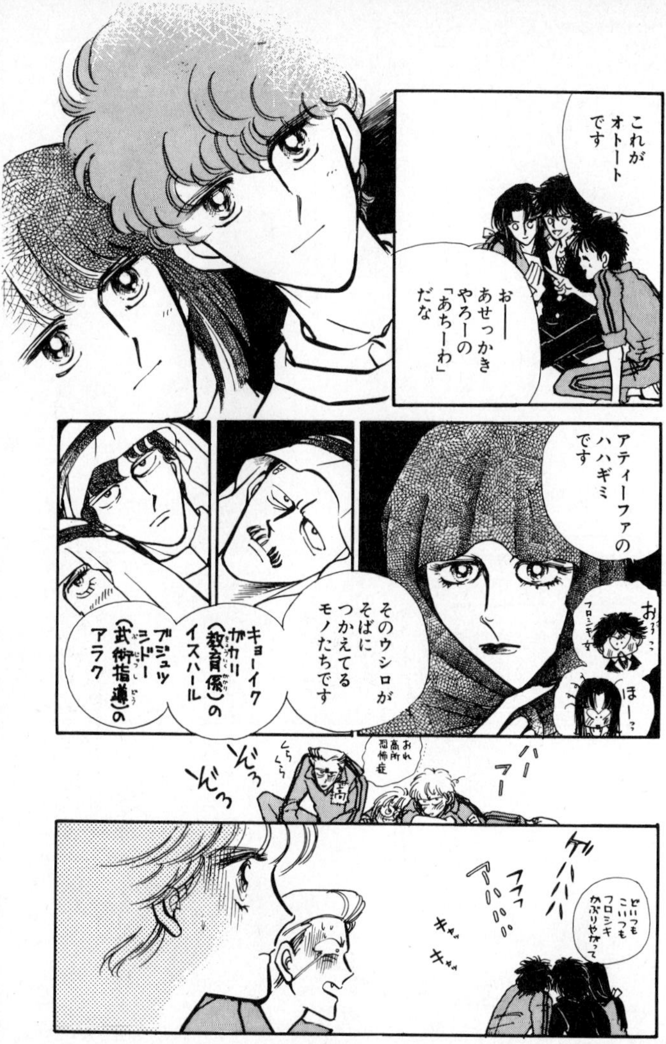
これが
オトートです
おー
あせっかき
やろーの
「あちーわ」
だな
アティーファの
ハハギミ
です
お
フロシキ女
ほーっ
そのウシロが
そばに
つかえてる
モノたちです
キョーイク
ガカリ
(教育《きょういく》係《かかり》)の
イスハール
ブジュツ
シドー
(武《ぶ》術《じゅつ》指《し》導《どう》)の
アラク
ハーフー
おれ
高所
恐怖症
くらくら
ぞろぞろ
ゲハハハ
フフフ
キャッ
キャッ
どいつも
こいつも
フロシキ
かぶりやがって

目白〜
今なに
してたんだ〜
キャーキャー
よお
大久保《おおくぼ》
麻衣《まい》
へへ
ずいぶんと
上達《じょうたつ》したじゃ
ねーか
さすが
麻衣《まい》でい
カバ丸《まる》くん
やっぱり
いつもの
カバ丸《まる》くんだわ
駐車禁止

カサコッ
あっ このやろー いつのまに
密航《みつこう》だ ——つつ
だれか つかまえて くれー
ダダッ

びくっ
ダッ
ピタ

いたぞー
これにつかまるのじゃ

フワ。。
スタ
スッ
き……
消えた……?

金玉学院
男子寮
目白 沈寝
山川 一
ロイヤル ストレート フラッシュでい
しー しー 静かな声で
広田 武
ハリール・アルドウ

キラッ

きっ きみは……

……霧野《きりの》…… くん……
ふ……
やはり ねていたのは ハリールじゃなく あんたか
ビク
おし しょー さま?
しっ
あやしい けはいが する

ハリ公《こう》
おきろ
ちょっ
ちょっと
おとぉーさま…
おりゃあ
ちょいと
沈《しず》寝《ね》んとこ
行ってみんぜ

ぼくも行こう
いけませんハリールさま
ぼくのかわりにぼくのへやでねてくれたシズネがシンパイだ
ゆけい
セイロ
ラッパノ
ハリールさまを
お守りするのだ
わあ!?

208
広田武
ハリール・アルドウ
スッ
なっ
なぜ……
208
広田武
ハリール・アルドウ
きみがこんなことを……
こんどのアラブ人のからくりをどこまで知ってるか知らねーが
たまたまあんたは兄キのハリールをかくまい
おれは弟派《おとうとは》にやとわれたってことだ
さてときょうは出なおしだ
じゃましたな
それんじゃあね〜

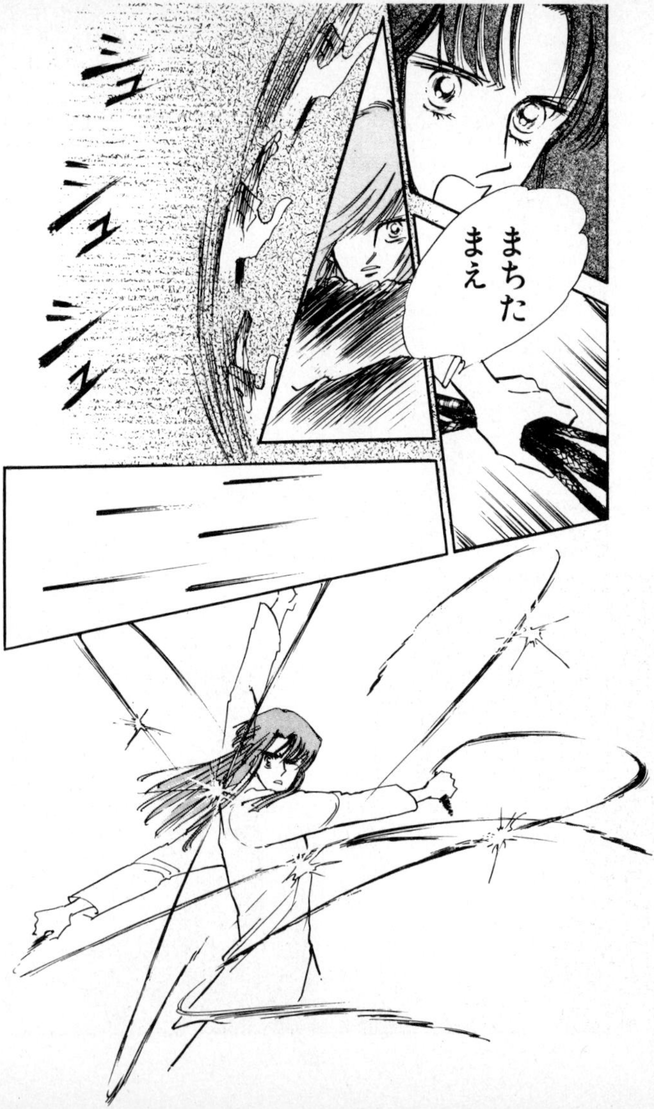
まちたまえ
シュシュシュ

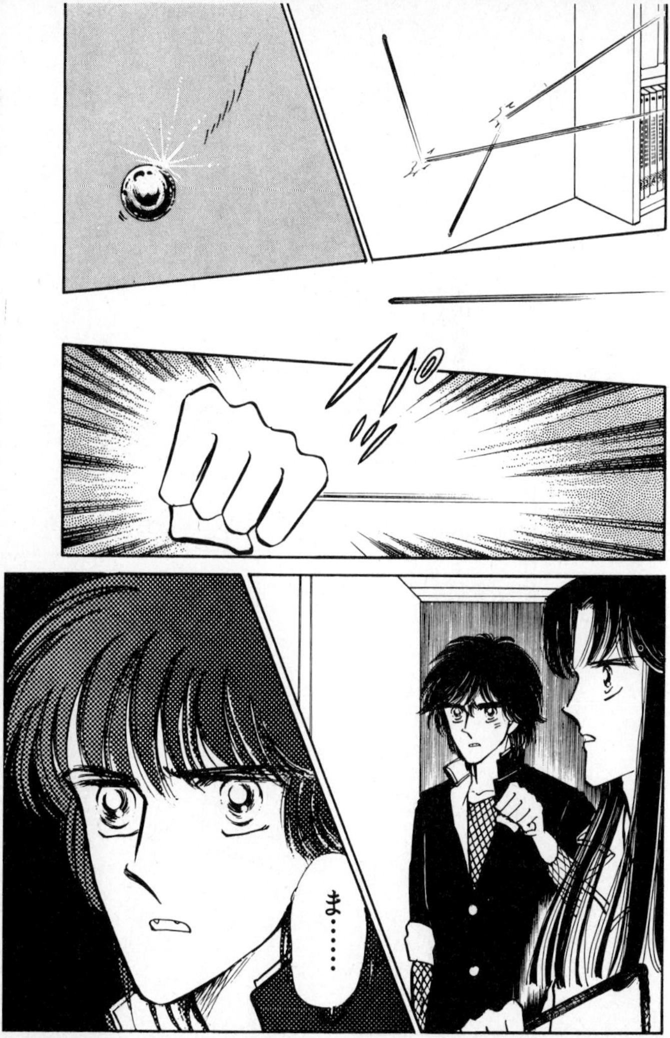
ま……

まちやがれ――
疾風《はやて》
スッ
ビク
㊟今、目がさめたルームメイト
どーしたんだー
ガヤ
ガヤ
目白ーーっ
㊟ウズたち
よかった
ハリールくん
無事《ぶじ》だったね
シズネ
ハアハア
ゼェ ゼェ
はい
おかげ
さまで
ちっともよくない
目白《めじろ》にふりかかる
危険《きけん》はどーするんだ
だから　おれがいっしょの
部屋《へや》でねてやるって
あれほどいったんだ
カバタレ
おまいが
いっしょだと
ちがった意味で
目白《めじろ》は
危険《きけん》なんだ
それで……
沈寝《しずね》くん
犯人《はんにん》は
どういう
やつでした

すみません それが一瞬《いっしゅん》の ことで…… おぼえて ないんです
そうですか
まちやがれ―― ハヤテ
いるぜ 疾風《はやて》って しろもんがよ おれより 2つ年上でい
あのやろ―― 今ごろ なにして やがんだろ
おしょーさま……

スタ
でて きやがれ
そこに いるのは わかってるんだ
ザッ
やろー
ザッ

カッ
カッ
まちやがれ
この……
疾風《はやて》じゃねー

疾風《はやて》
カサッ
のがすか
そこだ

キャン
!?
はやてめ なんて声出しゃーがんだ
No〜 No〜
ゆるして命ばかりは
ブギャギャー
ブギャギャギャ
ブギャーブギャギャ
わしには妻や子らが〜っ
くっっ…

くそったれ——っつ
そう
おどろくこと
ねーだろ
逐一《ちくいち》
おれを
見はってた
くせに
それにしても
おれを
つけまわすとは
アラブって——
とこにも
たいしたおっさんが
いるもんだぜ
な——っつ
このサル人間《にんげん》
やろーめ

カザシのヒデ
テキのまわりにも
たいしたヤツが
いるのを
ワスれるな
ギクッ
ゲーーッ
こいつ日本語《にっぽんご》
知ってやがった
そーか
日本語《にっぽんご》が
わかるんなら
いっとこう
ゆっく〜り
いって
やるから
よ〜〜〜く
聞いてくれ
アア
キラッ
今夜のように
仕事がうまく
いかないのは
あんたがそばで
ウロウロする
せいなんだよ

約束《やくそく》の3日がおわるまではおとなしくしててもらおーか
いいか　こんどまわりでウロチョロしやがるとあんたを先にやっちまうぞ
つんつくつん
……ワカッタ……
つんつくつん
シカシ……
チッ
口《くち》のへらねーおつさんだな
なんだ
ワタシをやるよりさっきおいかけてきたたいしたヤツをやってしまったらどうだそのほうがシゴトがやりやすいんじゃないのか
……そうだな
考えておこう

ハリールくんに借りてきた写真《しゃしん》だ
こいつだ
やっぱりゆんべのはこいつだ
たしかアティーファくんの武術指導《ぶじゅつしどう》だといっていたな
やはりウズ氏《し》のいったように弟派《おとうは》がハリールくんを
その弟派《おとうは》に霧野疾風《きりのはやて》がくわわっているとはひにくだな
ほんとうに

ガタン
バタン
……
それにしても
ゆうべの彼の
ことばが
ひつかかる
やはり
ねていたのは
ハリールじゃなく
あんたか

今さら
疾風《はやて》が
敵《てき》にまわった
なんざ　ハリ公《こう》に
いえるか
忍法同好会
クラス別
アスレチック大会
日時
場所
ねー　あしたの
アスレチック大会
お弁当《べんとう》
なにもって
いく――？
ねー
チック大会
お弁当
にもっていく
ぴく
ちくしょー
疾風《はやて》のやろー
なんでハリ公《こう》を……
カバ丸《まる》くん……

ゆうべの犯人《はんにん》もつきとめられないまま
あしたのアスレチック大会へ出場《しゅつじょう》しますのは危険《きけん》ではないでしょうか
……….
いったん　こうとおきめになったらけっしてあとにはひかないお方だ
われわれの使命《しめい》はただひとつ
命《いのち》にかえてハリールさまをお守りすることだ

ようこそ
藤本アスレチックへ
藤本フィールドアスレチックコース
35ポイントにチャレンジ
みなさーん　あつまって　くださーい
これが　今回の　コースです
12
11
7
29
30
6
5
31
32
1
スタート
このコースには　35の競技《きょうぎ》施設《しせつ》があり　この難関《なんかん》を　乗りこえ　ゴールインした順に　番号をおわたし　します

みごと優勝《ゆうしょう》されたクラスにはトロフィーと全員にすばらしい賞品《しょうひん》が用意《ようい》されています
それではクラス代表《だいひょう》の選手《せんしゅ》および応援《おうえん》のみなさん優勝《ゆうしょう》めざしてがんばってください
ザワ
ザワ
すみれちゃんたちがんばってよー
まっかしといて 2年紅組《べにぐみ》の優勝《ゆうしょう》はもうきまったも同然《どうぜん》よ
だって男子の代表《だいひょう》には天下《てんか》のカバ丸《まる》くんとかがやくハリールくんコンビがいるんですもの
2-2
あらカバ丸《まる》くんは
!?

元気
ないわね
クライ
じつはね
麻衣《まい》さん
かおるさんが
きのう
こっそり
教えて
くれた……
ゆうべ
男子寮《だんしりょう》に
忍《しの》びこんだのは……
カバ丸《まる》くん

カバ丸《まる》くん
……
……ゆうべのこと…わたしきっと疾風《はやて》さんにはわけがあったんだと思うわ
あの疾風《はやて》さんがぜったいそんなことするはずないもの
それにそのことはずっといっしょに暮らしてきたカバ丸《まる》くんがいちばんよくわかっていることだと思う
わたしハリールくんが弟さんを信じていたように疾風《はやて》さんを信じたい
ハリールくんだってきっとなにかのまちがいだって思ってくれているわだっておししょーさまのお兄さんですもん
麻《ま》衣《い》

わたしたちも
信じるわ
ザッ
おっ
いつのまに
それにね
カバ丸《まる》くん
ゴールインしたら
とっておきの
お昼ごはんが
もらえるんですって
どっ
どういう
お昼ごはん
でいっっ
そりゃあ　もう
目がくらくら
くらくら
するくらい
すごいお昼ごはんよ

よーし
やるぞ――
ピッ
ほんとー
麻衣《まい》!?
お昼ごはん
でるのー?
全然《ぜんぜん》しらなかった
ひどーい
弁当持参《べんとうじさん》って
あったから
わたしもって
きちゃった――
ち……
ちがうのよ
すみれちゃん
それがつい
とっさに
うそ

カァ
2ー紅
では 選手《せんしゅ》の人 出発地点《しゅっぱつちてん》に あつまって くださーい
なお 忍者同好会会長《にんじゃどうこうかいかいちょう》 2年紅組《べにぐみ》の 伊賀野《いがの》くんには ハンディキャップを つけさせて いただきます
いじめっ子
よいか
殿下《でんか》の おそばを はなれる では ないぞ
はっ
うっ… つ…ついていける だろーか…
てー てー てーちゃーズ
ハリールくんの 護衛《ごえい》 手ぬかりは ないいな
はい 各部所《かくぶしょ》に 諸星連盟《もろぼしれんめい》配下《はいか》の 者たちを 厳重《げんじゅう》に 配備《はいび》して あります

ダーンッ
わあーー
2ー紅23
くらくらするほどすごいお昼ごはん
わあーー
キャン
だめだめ君は一時間後に出発
ハンディハンディ
1ー紅16
……切り株《き　かぶ》を使うのは女子だけだ
ピーー

か〜
ほらほら
教頭《きょうとう》
がんばって
こっこえ〜よ〜…
気合わりーよー目6ー…
つぎは6バン
めっちゃだ

スタート
わあーっっ
ダッ
どんなもんでい
ふふ
スイスイスイ
わー
もう伊賀野《いがの》がやってきた
ムギュ

おししょーさま
ズリズリ
よお
ハリ公《こう》
がんばれよ
ズ
はいっつ
カア
ビクッ
じーーっ
?
!?
ダッ
今
伊《い》賀《が》野《の》くんが
きたと
思ったんだが
それが……
走って
むこうに…

スタ…
わあっ
こっこんなところにもおやつを用意《ようい》してあるじゃねーか
ポイ
やきそば
たこやき
おこのみやき
たこ焼
おっ ここにも
こっちにも
おー ずーっとつづいてやがる
MILK
麻衣《まい》のやろーってばナイショにしてやがってー
ケンちゃん餃子
セピア色の坂道

おーー やっと
ハリールさまの
お姿が見えたぞ
ゼェハァ
ウズーー
目白
へーき
だったか?
ゲー
次はこれか
ザヷ

ン？
殿下《でんか》ー

ま✿✿・・ちたまえ……
まて——
たっ高田君!?
危険だっっ
目白ーー♥
殿下《でんか》ーーー
どーしたんでい
ゲープ
ガヤガヤ
ワイワイ
ガヤガヤ

ハリールくんが さらわれたんだ
今 目白《めじろ》くんたちが おいかけて いったけど……
さらってったの あの時の…… きみのお兄さん だよ
ハヤテさん
ヘエ…
おまえ おれを知って いるのか
カバ丸《まる》 おししょーさまの オニーさんでしょ
オニーさんが なぜこんなこと するんです

シュッ
ビクッ
……
アラク……

な……
なぜ アラクが ここに……
おれの 仕事ぶりを 見はってるん だろ

カザシのヒデ！
いい忘れたが今のところおれはカザシ……じゃねーかんざしの秀《ひで》ってー殺《ころ》し屋《や》なんだ
フフ
やめろカザシのヒデ
いいじゃねーかもうじき　このおぼっちゃんには死んでもらうんだ
あんたの命《いのち》とひきかえにものすげ——大金《だいきん》をくれるってあのおっさんの仲間《なかま》がいうんでね

スタッ
や……やったのか
あわてんじゃねー

!?
つけまわすなと いったのが わからねーのか
つぎは よーしゃ しねーぞ
ま… またあ…?
ゆうべの たいしたヤツが おってきた ようだな
えっ
早く あんたも ズラかりな
アァ
クス

アタフタ
ヒタヒタヒタヒタヒタ
ヒタヒタヒタ…
ヒタヒ…
ユササ
やろ——いたな

のがすか
チッ また あの やろーか
くそ 疾風《はやて》め いってーどこに いきやがったんだ
まあいい こいつを おっていけば やつの居所《いどころ》も わかるに ちげーねー
やろー いってー どこまで いきやがる 気でい

ハァハァ
よかった……どうにかまいた……
ズッ
ハリールをつれ去った!?
びくっ

ハリ公《こう》の
あんちゃん
たちと
おなじ
ことばだ
アラク
あなたとも
あろう人が
ガタッ
ビクッ
梅ジャム
早《そう》そうに
あの殺《ころ》し屋《や》組織《そしき》の
元締《もとじ》めに
連絡をとりなさい
かんざしの秀《ひで》と
いう男の
居所《いどころ》を
つきとめるのです
はっ
RR
びく
どうした

なに
……よしわかった
とおせ
ただ今
元締《もとじ》めが
こちらへ
きたそうです
コンコン
どーも
どーも
おっ
日本語《にっぽんご》
でい!!
元締《もとじ》め
かんざし秀《ひで》の
居所《いどころ》を
教えなさい
彼は
ハリールさまを
つれ去ったと
いうではないか
それに
ヤツは
ハヤテと
ナノっていたぞ
疾風《はやて》

まっ まあまあ 落ちついて
やつの本名《ほんみょう》や ほんとうの居所《いどころ》 なんざ わたしゃ 知りませんよ
人さまの 道をはずれた 殺《ころ》し屋《や》稼業《かぎょう》 そんなもの 人に教える わけがない
ただ さきほど 彼からの メッセージが とどきまして わざわざ こうして……
メッセージ
!?
クス
殺《ころ》し屋《や》は 闇《やみ》の商売《しょうばい》 闇《やみ》に現《あら》われ 闇《やみ》に消える
お約束《やくそく》の時間 今夜12時までに

かならずお望《のぞ》みのハリール殿下《でんか》をおつれする
ついてはその礼金《れいきん》をお忘れなくなく
——かんざしの秀《ひで》——
たしかだな
そりゃあ　もう殺《ころ》し屋《や》に二言《にごん》はございません
ガシッ
あっなっなにをなさるんで……

ピク
では念《ねん》のため 12時まで あなたの 身がらを おあずかり しておこう
そ…… そんな ……
サッ
どうした アラク
今ここに なに者かが いたような けはいが
いや…… 気のせいでしょう
フ…… バカな…… あれだけ 時間をかけて まいたんだ

こういう古い建物《たてもの》はにがてだ
ゆうべも風もないのに窓《まど》がなっていた
昼間《ひるま》はんな話へーきだ
よせよ~~~
それよりハラペコだ
だめだこれは奥《おく》さまたちのなんだから
サクサクサク

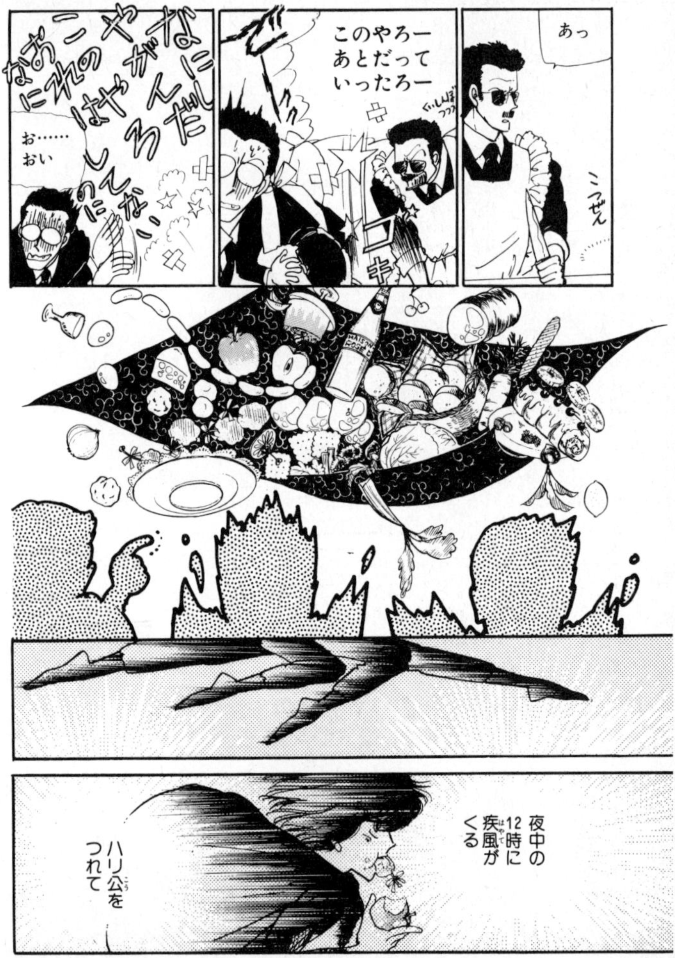
あっ
こつぜん
このやろー
あとだって
いったろー
くいしんぼ
フフフ
ゴキ
なにしやがんだ
このゃろ
おれはなにしてないのに
お……
おい
夜中《よなか》の
12時に
疾風《はやて》が
くる
ハリ公《こう》を
つれて

おししょーさま それは ほんとーですかっ？
ギリ
ゲープ
おー これから まんぷく堂《どう》で 腹《はら》ごしらえした あとでまた いくつもりだ
われわれも いっしょに つれていって くださいっっっっ
ぼくも いこう
目白《めじろ》が いくんなら おれも いくぞっっ
おりも
わたしも
わいも
おいおい まってくれよ んな大勢《おおぜい》じゃ 足手《あしで》まといだ

カバ丸《まる》くん　みんなは目だたない所で待機《たいき》してるのはどうかしら
それに忍者《にんじゃ》の修行《しゅぎょう》もうけているしなにかの役にたつかもしれないわ
ウズさんたちだけじゃなくわたしたちもハリールくんのことが心配でじっとなんかしてられないの
カバ丸《まる》くん
よし
いいだろう
カァー
女のわーままにもこまったもんでい

ところで伊賀野《いがの》くん場所はおぼえてるんだろうね
ことばに気をつけやがれくそ沈寝《しずね》やろー
おれさまはあまりの優秀《ゆうしゅう》さに気がどーてんしてたおれるほどたぐいまれな歴史《れきし》にのこる大忍者《だいにんじゃ》さまでいっっっ
かなり遠かったがしっかり頭にたたきこんでらい
くすん くすん
いじめっこやろーめっっ
いいか まず
峠の茶屋…しるこの塩野屋
湯どーふ「早川」自然食「くさき」
ドイツ料理「ドボジデ」「イタリアーナ」

屋
じゃがいも料理 TIME
マライカ Jack POT
野々草君「食べ歩きマップ」だ
かに マザ
わたしももってる
スパゲッティー おいてけ
……伊賀野《いがの》くんの話を総合《そうごう》するとけっきょくこのあたりになります
地蔵王廟
山
根岸森林公園
吉野町
橋
立入禁止
立入禁止

いくぜ
忍者《にんじゃ》ドーナッツ会
ハリ公《こう》助け出し
㊙《まるひ》作戦《さくせん》!!!

カチャ
雨に
なったわね
ようすは
どう
はっ
ご安心
ください

屋敷《やしき》の外にはかなりの人数の殺《ころ》し屋《や》たちを配置《はいち》してあります
腕《うで》はたしかな連中《れんちゅう》だろうな
ملعقة ســكين
---- شوكة
ふっ
こう見えてもあっしは日本《にっぽん》の殺《ころ》し屋《や》組織《そしき》の総元締《そうもとじ》めですぜ
あっしの声ひとつであつまったあの連中《れんちゅう》
どれもそのスジじゃ世界中《せかいじゅう》に名をはせた日本《にっぽん》を代表《だいひょう》する殺《ころ》し屋《や》たちですぜ

かんざしの秀《ひで》と ハリールさまが とおりかかろう ものなら ふたりはたちまち ハチの巣《す》 あの世行き……
نصف مسلوق
....مخ أومليت
どうです それで お気は おすみでがしょ
こちとらも ニューフェイスの 殺《ころ》し屋《や》の ひとりやふたり どうってこと ありゃしません
ぶ〜
ぶ〜
ぶ〜〜〜‥
ザーァァ!!
すごい ふりに なってきたな

つべこべいわねーで
みんなおりろ
ここからは走って行くぞ
チッ
つめたそーだな
……
ばかやろ
この雨を
おありがたく
思わねーか
くそでぶ白川《しらかわ》
てめーのよーな
半人前《はんにんまえ》じゃねー
〇人前《ゼロにんまえ》のやつらが
ドタドタ動きまわるのを
このお雨さまが
すこしは
かくしてくれんのが
わからねーのかっっっ
あっ
ほっ
ほんとーに
そのとおりです
おしょーさま
おお
すごい
さすが
才蔵《さいぞう》さまの
お孫《まご》さま
カア！
おいおい
声を
たてんじゃ
ねー
ふふ
まいったな
冷たいとは
何ごとじゃー
このお雨さまを
おありがたく
思うのじゃー
この半人前が……
未熟者
未熟者

行くぞ
ではわれわれはここで待機《たいき》しています
あっ目白《めじろ》——おまえは危険《きけん》だのこっていろよー
ああうつとーしーやつめ…
とまれ

人の気配《けはい》がする おまいら ここでまってろ
ひとり
ふたり
さんにん…
全部で12人か
あっ もどって きた
え── そんなに 見はりが
あわてんじゃね── どいつもこいつも トロそうな やろーばかり でい
人数《にんずう》が多かろうが 作戦《さくせん》は おなじだ
行くぜ

こっ こわいよ〜〜〜
ヒソヒソ
ケ〜〜〜 ちょっ ちょっと まってくれよ ラ…ライフル じゃねーの あ…あれ……
ビクッ
それに しても うすつきみ わりいところ だな……
う〜〜〜 さぶ〜〜〜
う〜〜〜 こわ〜〜〜
ゆーれーが 出そう……

スー
おもわず

分身《ぶんしん》の術《じゅつ》

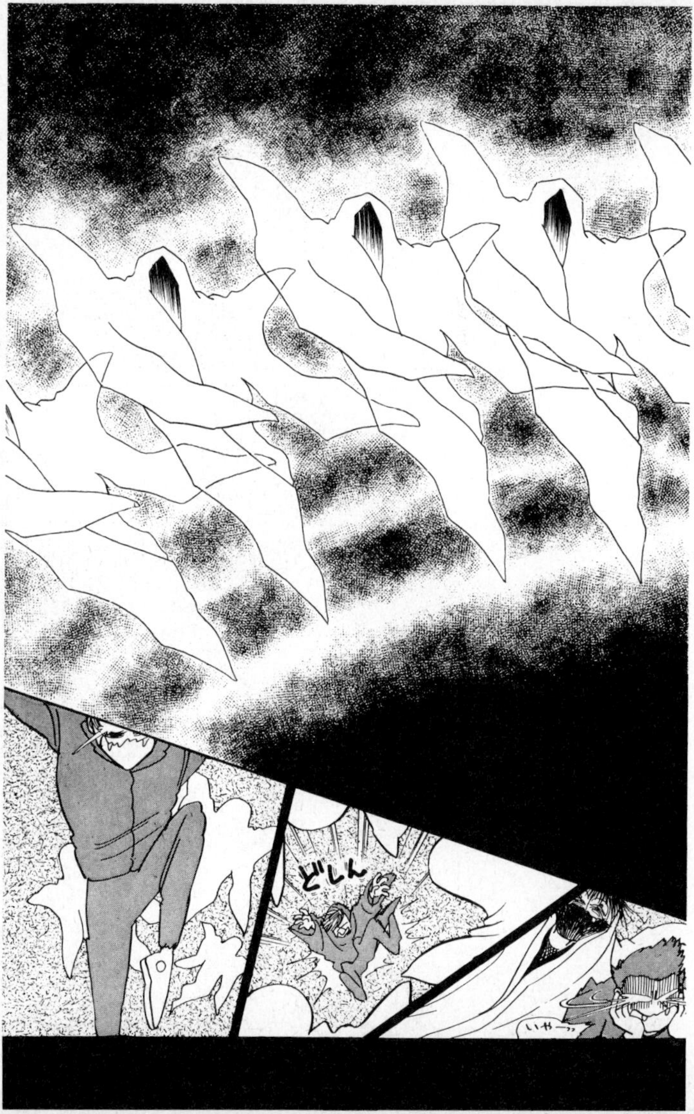
どしん
いやーっ

……
…9…
…10…
12人
今だ!!

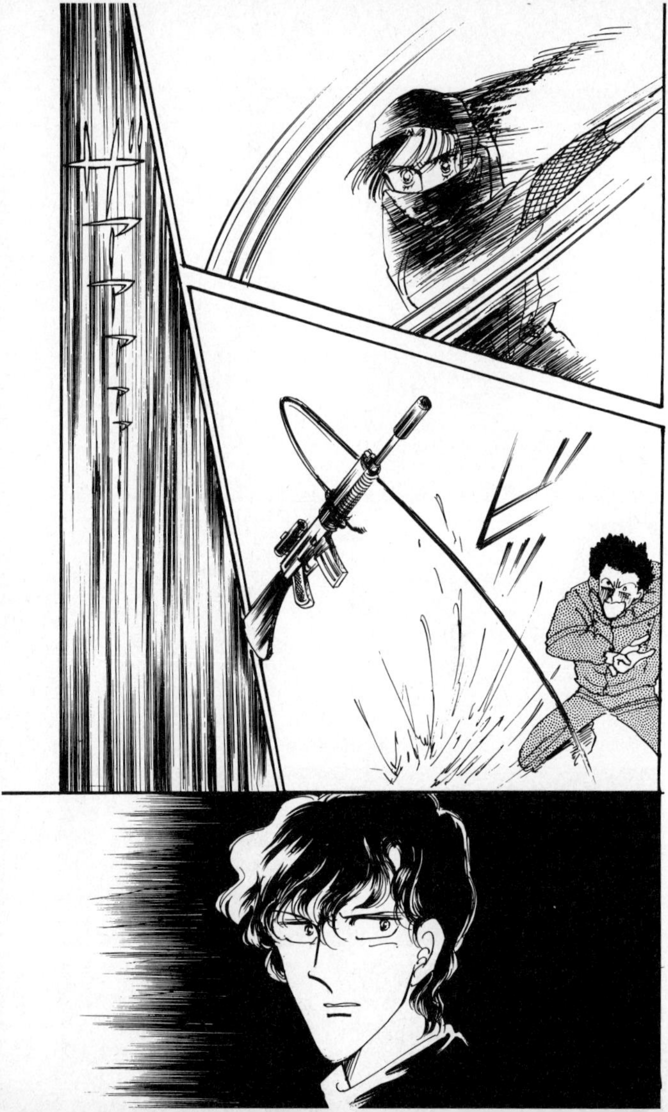
ザァァァァァ
ビ

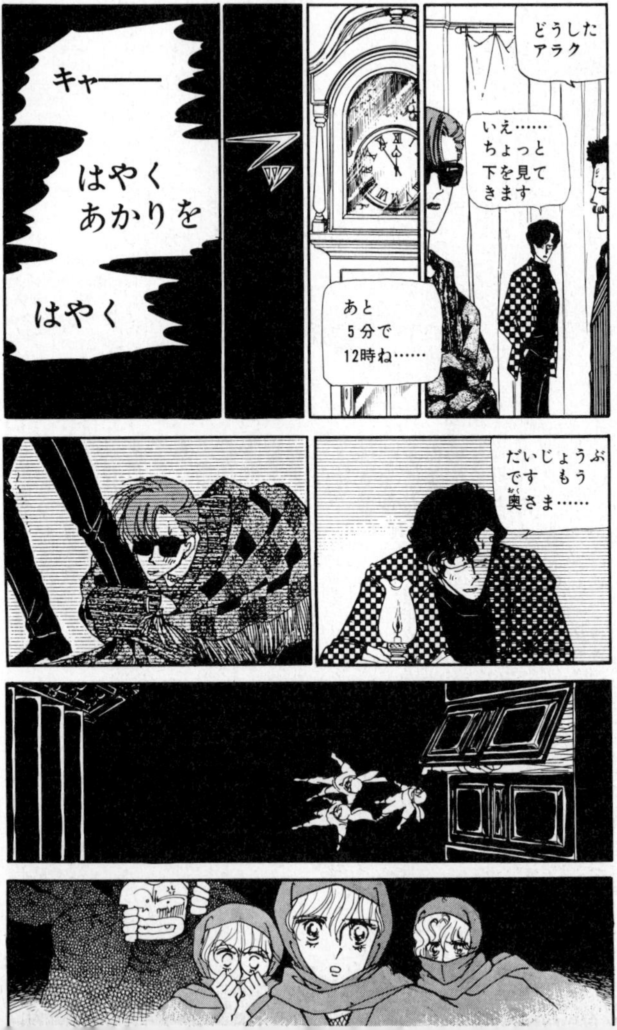
どうした
アラク
いえ……
ちょっと
下を見て
きます
あと
5分で
12時ね……
キャー――
はやく
あかりを
はやく
だいじょうぶ
です　もう
奥《おく》さま……

ここにも見はりが
ビクッ
なつ…なんか今動かなかつたか
やだよ〜〜やだよ〜〜古い洋館《ようかん》つてば〜〜
キャーこつちにきますわつつ
どーする麻衣《まい》〜〜カバ丸《まる》くんたちは先行つちゃつたし〜〜
えいこれでまにあわせるのよ
あ
どーんっ
ぴ
注→恐怖のため こわくてすごい 顔の白川
でっでた〜〜っっ

まて
アラク
ウズ
ガッ

ウズ……!?
第3夫人《ふじん》
あなたという人は
ハリールさまをどうなされた
ボーン
ボーン
ボーン
ボ
みなさんおあつまりで

ザザ
疾風《はやて》
ドサ
約束《やくそく》どおり王子《おうじ》さまをおつれしたぜ
ハリールさま
ハリ公《こう》
ハリル君

ひんやり…
死……
死んでる……
ハリ公《こう》
ハリールさま
ハリールさま!!
これで
わたしの
勝ちよ
ウズ
あなたたちも
もう
おしまいね

これで ラブアルデ国《こく》は わたしの アティーファの ものよ
く…… 口《くち》の でかさは ちがうが
まちげー ねー ありゃ あちーわの フロシキ かあちゃんだ
ハリールくん

ハッ
やろー
疾風《はやて》
てめー なんで
ハリ公《こう》を

パパッ
おっ
電気が
ついた
ハリ公《こう》
おししょー
さま
ハリールさま!?
それじゃ
ここにいる
ハリールは……

アティーファ——

なっなぜ
アティーファ
さまが
ここに……
まこと
気の毒に
のう……
ア……
アティーファ
アティーファー

なっ
なに者だ
じいちゃん
だっつつつ
カア
わたしは
日本《にっぽん》の
シンボル
仏像《ぶつぞう》じゃ
عصير طماطم
لبن فراولة ....
……ブツゾウ…？
そなたの息子《むすこ》
アティーファは
そなたや兄を
さがしに
密航《みっこう》して
きたのじゃ
そして
やっと兄に
あえたと
思ったのも
つかのま…

そなたの息子《むすこ》アティーファは兄をかばって死んだのじゃ
そなたのさしむけた殺《ころ》し屋《や》の手によって
ぷあり ぽおり
そうでい こいつらはたがいに命《いのち》をかけて守りあうほど仲のいい兄弟《きょうだい》なんでい
そうだ
そうだ
くそったれ ハリ公《こう》は あんたにどんな目に あわされても 弟のあちーわの 母ちゃんだからって あんたのことずーっと 信じてたんだぞ
ガ
早く てめーんとこの ことばに なおしやがれ このまゆなし おデコヒゲ人間《にんげん》

……
……ゆるして
アティーファ
あなたの幸せを思ってしたことだったのよ
あなたを失うぐらいならなにもほしくはない
アティーファ
アティーファ……
その心にいつわりはないか
まことにいつわりないと誓《ちか》えるならアティーファは再《ふたた》びよみがえろうぞ
いつわりなどわたしはアティーファさえアティーファさえ
……でもそんなことありえはしない……

…母《はは》君《ぎみ》…？
ア〜〜
アティ〜〜
ファ〜〜

アティーファさま
奇跡《きせき》だわ
あれ？なんでここにいるんだろ
たしか港《みなと》でへんな人に助けられて…
ブツゾウ……
兄君《あにぎみ》
ハリールさま どうか わたくしの 処分《しょぶん》を

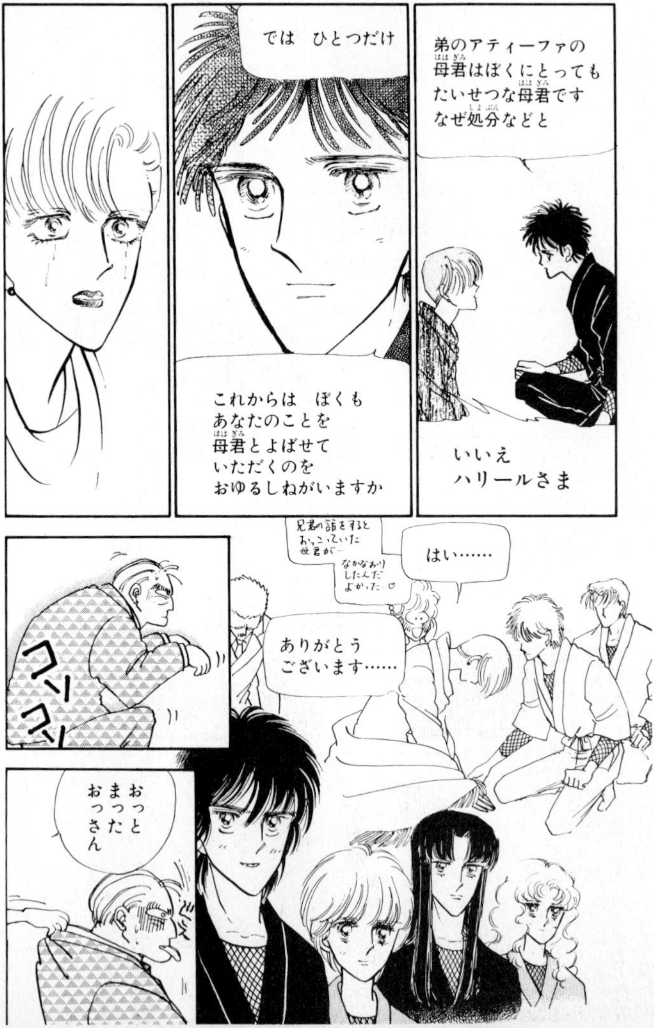

では　ひとつだけ
弟のアティーファの母君《ははぎみ》はぼくにとってもたいせつな母君《ははぎみ》ですなぜ処分《しょぶん》などと
これからは　ぼくもあなたのことを母君《ははぎみ》とよばせていただくのをおゆるしねがいますか
いいえ　ハリールさま
はい……
兄君の話をするとおっこっていた母君が…
なかなおりしたんだよかった…♡
ありがとうございます……
コソコソ
おっとまったおっさん

なんて タイミングだ ほれあんたを むかえにきて くれたようだぜ
パーポーパーポー
きっ…
きさま〜〜〜
そういうこと
おれの目的は あんたらの 殺《ころ》し屋《や》組織《そしき》 一掃《いっそう》駆除《くじょ》だ
あっ おばあさま
パーポーパーポー
麻衣《まい》 みんな 無事《ぶじ》だった? あまり おそいので 心配したわ
そういう わけだったのか

まいったぜ おたくらの ゴタゴタが こっちにからんで きた時はよ
こっちのほうが ぶったまげたぜ ──っっ くそったれ
フ……
へへへ
クス
ボソボソ
それに してもよ じいちゃんには たまげたぜ
いちど死んだ 人間《にんげん》を 生きかえらす なんてよ やろーほんとに 人間《にんげん》か?
ガッ
ほんとに 殺《や》るわけ ねーだろ カバタリ
じいちゃん
ごぶさたして おります

未熟者《みじゅくもの》めが あれはわしの 作った薬《くすり》による 仮死状態《かしじょうたい》が とけていったのじゃ
ほう
えっ
菓子《か》ちょーだいが とけた!?
ええい この 未熟者《みじゅくもの》 未熟者《みじゅくもの》 未熟者《みじゅくもの》
注 逃ゲ足の早い
まっ
才蔵《さいぞう》さま
蘭《らん》どの
おししょーさま どわいじょーびですかぅぅぅ
注 血だったりして…
朝のニュースをお送りいたします

定休日：毎週
カスガ電化サービス
クレジット
まずはじめに 昨夜《さくや》おそく アラブの王子《おうじ》さま ご兄弟《きょうだい》と その母君《ははぎみ》ご一行《いっこう》が
おしのびで 来日中《らいにちちゅう》と いうことが あきらかになり 大さわぎとなり ました
また 同時《どうじ》に 王子《おうじ》さま 暗殺《あんさつ》の 容疑《ようぎ》で 12名の男と その黒幕《くろまく》らしき 男ひとりを 逮捕《たいほ》しました
新東京国際空港
NEW TOKYO INTERNATIONAL AIRPORT
王《おう》さまとかに なっても がんばれよな
KIM
ハイ ニンジャ ドーナッツ会で 学《まな》んだことは わすれません
パシャ
カシャ
いろいろ ありがとう ございました
お
さよなら シズネ
お元気で
今度いらっしゃる 時は どうぞ わたしの 学校へ!
いえ わたしの!
兄さんたち!!
じっ
注 ウズ
ムッ
このごにおよんで

院長《いんちょう》先生……
あなたは
わたしの
なくなった母に
にています
お話をしている
ひとときがとても
楽しかった
…まるで
母といるようで
……
まあ
そうだつたのか
そういうわけだつたのか
院長《いんちょう》に母の面影《おもかげ》を……
そうそれをわたしは……
いつ今の今まで
今の今まで
ラ…ライバルだと……
教頭《きょうとう》？
みなさん
ご出発《しゅっぱつ》
ですよ
みちゃ
だめよ
さよなら
おししょーさま
元気でな
ハリ公《こう》
あちーわ

目白《めじろ》くん アラブの 恋人に 去られた ご感想を ひとこと
おおい しつこいぞ ナシモト
おれは うれしい
カカメ…
うんざり
チェ やれやれ いっちまいやがったか これでやつらの ベロかみそーな 日本語《にっぽんご》も 聞けねーな
カザシのヒデ おしょーさま
帰らなかったのか あんた
はい ワタシを おふたりの デシにして ください
ニンジャ ドーナッツ会 にも入れて ください
アスレチック にも いきたい
アスレチック大会
ハッ
とっておき くらくらする
お昼
ま
まっ麻衣《まい》ーー くらくらする ほど すげエー 昼めしーーっっ
そ… それが… あれは…
まちがい!!…
ええい

これで
ガ・マ・ン・
してネ♡
チュ♡
追記《ついき》
そのころまんぷく堂《どう》より
一キロはなれた駅前《えきまえ》で
ひときわにぎわう一軒《いっけん》の
ラーメン屋ができた
人びとはこの主人《しゅじん》が先ごろ
証拠《しょうこ》不十分《ふじゅうぶん》で釈放《しゃくほう》された
「ねらった獲物《えもの》は
にがさねー」と
おそれられた
殺《ころ》し屋《や》「黒豹《くろひょう》のジョー」とは
知るよしもなかった
今日はまだ16ぱい目さ
お客さん いっしょに ラーメン たべていい?
主人
ラーメン

伊賀野カバ丸　金玉学院王子様騒動編　完

●連載あとがき①／亜月 裕

♡子供描くの大好き♡

外伝の中でも『出逢い』は『伊賀野カバ丸』連載当時から構想的なものはありました。連載終了後、外伝を描かないかと言われ子供時代のカバ丸・疾風をとても楽しんで描いたのを記憶してます。

私が子供好きになったのは（10代の頃はうっとおーしかったような…）私にとっての初の甥っ子の誕生だと思います。

しかし甥っ子の成長は速く、すぐさま置いてかれる(亜)でした。

そして今　私の側には
新たな甥っ子が…

スクープ!

君は知っていたか!?

『伊賀野カバ丸』のその後発覚!!

大人になった沈寝は、疾風は、そしてカバ丸は!?

スーも相変わらずなのか!?

集英社文庫（コミック版）

伊《い》賀《が》野《の》カバ丸《まる》 外伝《がいでん》　1

1998年10月21日　第1刷

定価はカバーに表示してあります。

著　者　亜《あ》　月《づき》　　裕《ゆう》

発行者　後　藤　広　喜

発行所　株式会社　集　英　社

東京都千代田区一ツ橋2－5－10

〒101-8050

電話　東京　（3230）6326（編集）

（3230）6393（販売）

（3230）6080（制作）

印　刷　大日本印刷株式会社

落丁・乱丁の本が万一ございましたら、小社制作部宛にお送りください。送料小社負担でお取り替えいたします。

Printed in Japan

ISBN4-08-617395-6 C0179